中國青銅器全集編輯委員會 編

中國美術分類全集

中國青銅器全集 2

商2

《中國青銅器全集》編輯委員會

凡例

一　《中國青銅器全集》共十六卷，主要按時代分地區編排，力求全面展示中國青銅器發展面貌。

二　《中國青銅器全集》編選標準：以考古發掘品爲主，酌收有代表性的傳世品；既要考慮器物本身的藝術價值，又要兼顧不同的器種和出土地區。

三　本書爲《中國青銅器全集》第二卷，選錄商代晚期殷墟青銅器精品。

四　本書與第三卷統一編排，主要內容分三部分：一爲專論，二爲圖版，三爲圖版説明。

目錄

圖版

殷墟青銅器概論

楊錫璋

殷墟是商代晚期的都城所在地，據古文獻記載，這裏是盤庚至帝辛時期的都城，商代亡國後，即淪爲廢墟。殷墟位于今河南安陽西北郊，以小屯村和侯家莊爲中心，其範圍約三〇平方公里，洹河從其中間流過。

殷墟青銅器種類繁多，紋飾華麗，久以精美絕倫著稱于世，在燦爛的商文化中占有極爲重要的地位。

殷墟青銅器早在西周時期即有被盜掘現象，現在發掘的一些殷墟大墓就有西周時期的盜坑。殷墟青銅器的發現與著錄，始于北宋時期，呂大臨在《考古圖》中記錄的幾件青銅器，即已指明出土地點爲鄴郡河亶甲城或洹水之濱。

殷墟青銅器的識別和研究，是與甲骨文的發現和考古發掘分不開的。

一八九九年，河南安陽小屯村出土的甲骨文被確定爲殷商時期的文字，由此而確認此處爲商代晚期都城的所在地。自甲骨文發現後，殷墟盜掘之風盛行一時，大量甲骨和青銅器被盜掘出來。但是，眞正把殷商時期的青銅器確認出來并予以研究，則是在殷墟正式考古發掘以後。

殷墟的科學發掘始自一九二八年，由前中央研究院歷史語言研究所考古組主持，從一九二八年至一九三七年，共發掘了一〇年。一九四九年，中華人民共和國成立，一九五〇年，中國科學院組建了考古隊，重新開始了殷墟的發掘工作。一九五八年起，中國科學院考古研究所組建了常駐安陽的考古工作隊，在此長期從事殷墟的發掘工作。從一九二八年至今，經過六〇餘年的發掘，獲得了極其豐富的商代晚期社會、經濟、文化、藝術和軍事等方面的重要資料，其中包括大量精美的青銅器。

由這六〇餘年的發掘得知，殷墟遺蹟主要分布在以小屯村和侯家莊爲中心的洹河兩岸。小屯村是殷商宮殿、宗廟所在地，在此發掘到幾拾座宮殿基址，大量甲骨和著名的婦好墓即在宮殿區範圍內。武官村北地爲殷商王陵區，在此處發掘到拾多座帶墓道的大墓，以及大量的小墓與祭祀坑。在苗圃北地、小屯村及孝民屯發掘到鑄銅遺址，在大司空村和北辛莊發掘到製骨作坊，小屯村西北還有製玉作坊。殷墟的居住遺址大部分集中在離洹河兩岸較近地區，離洹河較遠之處爲墓葬區。

殷墟青銅器，尤其是青銅禮器，除少數在遺址或祭祀坑發現以外，絕大多數出自墓葬。殷墟的墓葬區分布極廣，有的是單純的墓葬區，有的與遺址交疊在一起。從目前發現的情況看，墓葬區較多地分布在洹河南岸。洹河北岸只分布在侯家莊、武官村和大司空村等少數村落，洹河南岸則分布在孝民屯、戚家莊、梅園莊、劉家莊、郭家莊、高樓莊、後岡、苗圃北地、薛家莊、王裕口、花園莊和小屯村等村落。這些地點都有隨葬青銅器的墓地。

從隨葬青銅器墓地的性質分析，殷墟的墓地可分爲王室墓地和族墓地兩大類。王室墓地在武官村北地，由目前發現的情況看，此處只埋葬國王，國王的配偶可能未埋葬于此。這些大墓已全部被盜，墓中殘留物極少，但在一四〇〇號墓和一〇〇四號墓中，還殘留有一些精美的青銅器，其中以一〇〇四號墓的牛方鼎、鹿方鼎（插圖一）和銅盔最爲著名。族墓地分布于殷墟各地。殷人聚族而居，故死後也要聚族而葬，不論是貴族還是平民，只要同族，都要葬在一個墓地內，但在同一墓地內要分小區，貴族墓集中在一起。這些族墓地，也經過不止一次的盜掘，隨葬青銅器較多而未遭盜掘的墓是不太多的。婦好墓在小屯村宮殿區西南，在它附近還有一些較大的長方形豎穴墓，如一八號墓等。這一地點是否專門埋葬后妃的，目前還只是一個推測。

現在，介紹幾座保存完整并隨葬有較多青銅器的墓葬及祭祀坑。

小屯村五號墓，即著名的婦好墓。在小屯村西北，一九七六年發掘。墓室長五·六、寬四、深七·五米，南北向。墓中隨葬有青銅器四六八件，可分爲禮器、樂器、工具、生活用品、兵器、車馬器、藝術品及雜器等八類，其中禮器較多，約占總數的二分之一。禮器有鼎、甗、甑、簋、偶方彝、方彝、尊、觥、壺、瓿、卣、罍、缶、斝、盉、觶、觚、爵、斗、盂、盤、罐、高圈足器及箕形器。樂器有編鐃一套共五件。工具有錛、鑿、刀和鏟。生活用品有鏡、匕。兵器有鉞、戈、弓形器、鏄形器及大量銅鏃。車馬器有馬鑣和策等。藝術品有虎形器。雜器有龍頭或鳥頭尺形器、**鈴**、**鈎**形器、鑽形器、棒槌形器和雙角形器等。這是目前殷墟發現的唯一一座保存青銅器器類最全的墓。

小屯村一八號墓。在小屯村西北，婦好墓之東，一九七七年春發掘。墓室長四・六、寬二・三、深五・二米，南北向。隨葬青銅器四三件，有鼎、甗、簋、尊、罍、卣、斝、爵、觚和盤。兵器有戈和鏃。

戚家莊二六九號墓。在戚家莊東，一九八四年發掘。墓室長三・〇三、寬一・五三、深五・五五米，東西向。墓中隨葬青銅器五八件，其中禮器二〇件，有鼎、甗、簋、罍、斝、方彝、尊、卣、觚、爵、觶和斗。樂器有鐃和**鈴**。兵器有戈、矛、鉞、大刀和弓形器。工具有斧、錛、鑿和削。

插圖一　鹿方鼎　牛方鼎

郭家莊一六〇號墓。在郭家莊西，一九九〇年發掘。墓室長四・五、寬三、深五・七米，東西向。隨葬青銅器二九一件，其中禮器四一件，有鼎、甗、簋、尊、罍、卣、盉、斝、觶、觚、角、斗、鑪形器。樂器有鐃。兵器有鉞、大刀、戈、矛、弓形器、鐏和大量銅鏃。工具有鏟、斧、錛、鑿和環首刀。還有鈴、策和銅片等。

殷墟西區一七一三號墓。在孝民屯南，一九八四年發掘，墓室長三、寬一・五六、深四・七米，南北向。墓中隨葬青銅器九一件，禮器一一件。有鼎、甗、簋、斝、爵、觚、卣、尊、盉和盤。兵器有鉞、大刀、戈、矛和馬頭刀。工具有鏟、錛和鑿。還有鈴和管等。

後岡圓形祭祀坑。在後岡南坡，一九五九年發掘。這是一座埋有七三個人的祭祀坑，坑內埋有青銅器、陶器、玉器和骨器等。其中有青銅器一〇件，禮器有鼎、卣和爵。兵器有刀、戈、鏃。還有鈴、泡和璜形器等。著名的戍嗣子鼎就出土于這個祭祀坑內。

殷墟青銅器，如按其用途，可分爲禮器、樂器、兵器、工具、車馬器及雜器。

禮器：包括食器、水器和酒器。

食器有鼎、鬲、甗、甑、鑪形器、簋、豆。

水器有罐、盤、盂、盉。

酒器有卣、瓿、尊、罍、方彝、壺、觥、缶、斝、角、觚、觶、爵、角形器、斗。

樂器：鐃、鈴。

兵器：鉞、戈、矛、戣、刀、鏃、弓形器、胄。

工具：鏟、斧、錛、鑿、鋸、鑽、刻刀。

車馬器：軎、轄、轂、軛、當盧、鑣、泡、策、勒。

雜器：箕形器、鏡、貝。

殷墟出土的青銅器，按其風格可分爲三個時期（主要根據禮器）。第一期爲保存有較多二里岡期青銅器風格的時期，第二期爲具有典型殷墟青銅器風格的時期，第三期爲蘊育着西周青銅器風格的時期。第一期的時間較短，青銅器的數量也較少，因此，在殷墟發現的青銅器中，眞正占主導地位的是第二期和第三期的青銅器。按傳統的看法，殷墟是盤庚遷殷至帝辛時期的都城（目前，對此尙有爭議，也有認爲殷墟作爲都城是武丁時期開始的）。第一期的青銅器，大致相當于武丁以前的時期。第二期和第三期的分界不太明顯，目前尙有爭議。第二期青銅器最繁榮的時期是在武丁、祖庚和祖甲時代。第三期青銅器的許多因素不是同時出現的，它的最後形成時期則在帝乙和帝辛時代。

殷墟第一期的青銅器發現較少，只在小屯村和三家莊發現幾座墓，即小屯村第二三二、三三三、三三一、三八八號墓和三家莊三號墓。這幾座墓青銅器的特徵是處于二里岡期青銅器向典型的殷墟青銅器風格發展的過渡階段（插圖二、三），即一方面保持二里岡期青銅器的風格，一方面又蘊育着典型的殷墟青銅器風格的某些特徵。這在器類、組合、器形、紋飾和鑄造等幾方面都有所反映。器類方面，二里岡期青銅容器有觚、爵、斝、尊、罍、卣、盉、鼎、鬲、盤和盂等。到殷墟階段，增加了瓿、壺、甗、簋及斗。兩者都以酒器爲主，其次爲食器（含水器）。組合方面，二里岡期青銅器的組合以爵、斝爲主，再配以觚，觚居次要地位。這一階段則觚、爵、斝處于等同地位。器形方面，以常見的鼎、觚、爵爲例，二里岡期的

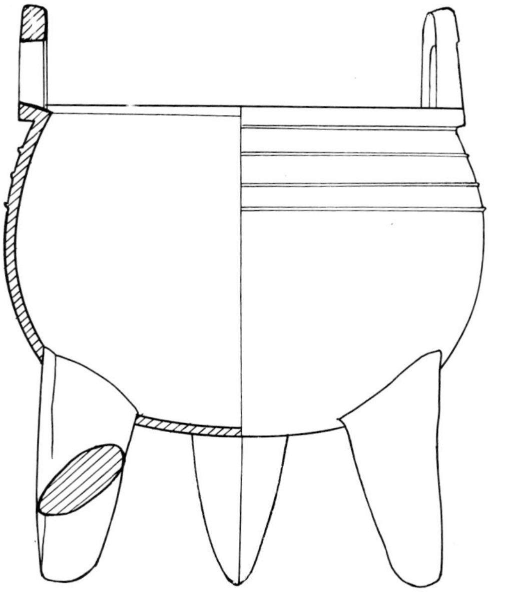

插圖二　錐足鼎

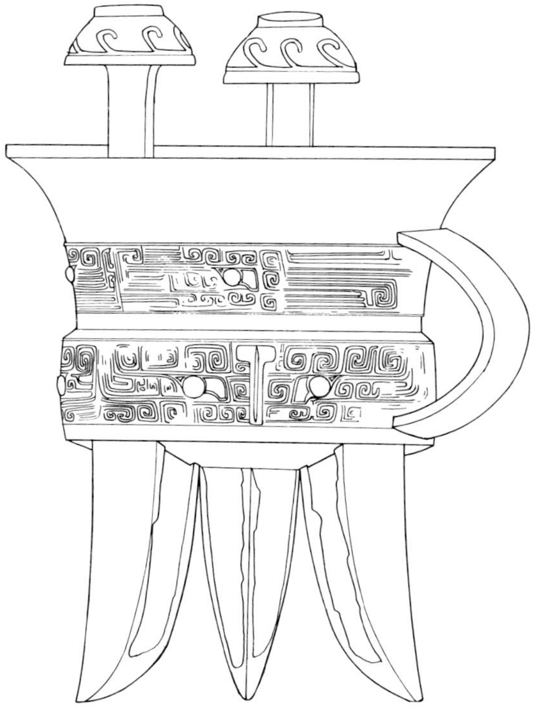

插圖三　獸面紋斝

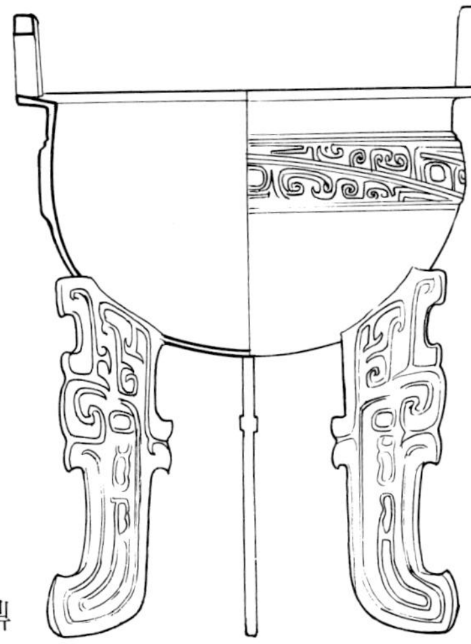

插圖四　扁足鼎

插圖五　乳釘紋簋

鼎是錐形空足，一足與一耳在一條垂線上。典型殷墟青銅器風格的鼎是柱形實足，足在兩耳之間。這一階段的鼎則兩種器形兼有之。二里岡期的爵呈平底，三錐足較細，口上的立柱較矮。典型殷墟青銅器風格的爵爲卵形底，三錐足較粗，立柱增高。這一階段的爵則兩者皆有。就觚而言，這一階段既有二里岡期風格的粗矮形觚，又有典型殷墟青銅器風格的瘦長形的觚。紋飾方面，二里岡期常見的紋飾是細陽線紋和陰刻寬帶紋，主紋不明顯。在這一階段，一方面仍保持二里岡期的特點，一方面出現新的表現方法，即主題花紋成寬帶狀，襯以細陽線的地紋，個別器物上已出現主紋突出于地紋之上的裝飾，這種裝飾手法到殷墟第二期才大量出現。鑄造方面，這一階段容器的器壁一方面仍極薄，另一方面已出現增厚現象。另外二里岡期銅器上的範線極明顯，這一階段器物上已出現扉棱。這樣，既掩飾了範線的顯露，又起到了裝飾作用。

第二期爲具有典型殷墟青銅器風格的時期。這一期的青銅器在殷墟有大量發現，是殷墟青銅器發展的鼎盛時期，其代表墓葬有小屯村五號墓和一八號墓、大司空村五三九號墓和六三三號墓等。

這一期的容器，從器類看，除第一期常見者外，新出現的器類有方彝、高頸橢圓扁體貫耳壺、犧尊、觶、觥和罐等。此外，方形器大量出現，有方形爵、斝、尊、罍、壺和缶等。帶蓋器亦增多。在等級較高的墓中，出現了許多大型容器，例如，婦好墓中的方鼎、偶方彝、斝、罍及鴞尊等。

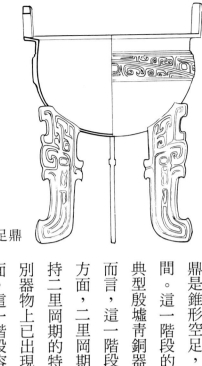

從器物組合來看，仍以酒器爲主，酒器的核心由觚、爵、斝向觚、爵發展。

常見器形的變化。大多數鼎仍是圓形盆式，圜底，深腹，但三足已由錐形發展爲柱形。新出現的有束腰式鼎、淺盤扁足鼎（插圖四）、鬲腹分襠柱足鼎和長方形槽式柱足鼎等。甗仍爲聯體，但腹稍外鼓。新出現有分體式甗和三聯甗。鬲較小，亦少見。簋呈大口、束頸、鼓腹、矮圈足形（插圖五）。觚由粗短向細長發展，流行扉棱裝飾，圈足上的十字孔已退化（插圖六）。爵流行卵形底（插圖七），但在等級較高的貴族墓中仍保存較多的平底爵，爵口沿上立柱增高。斝除流行前一期常見的袋足斝外，流行圓體斝，鋬上有獸頭。尊仍是三段式的，但圈足部分比前一期增高。瓿則流行短頸和無頸式的。盉是斜流半封口式的，亦有三足、圈足

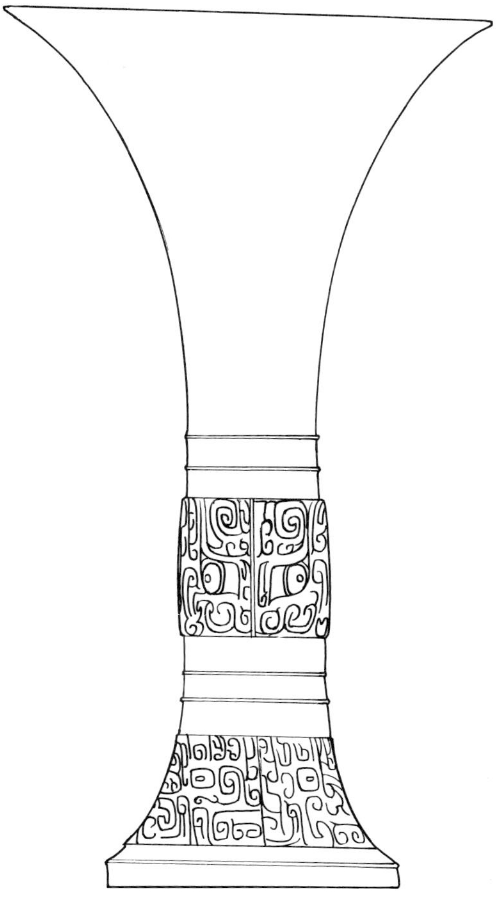
插圖六　獸面紋觚

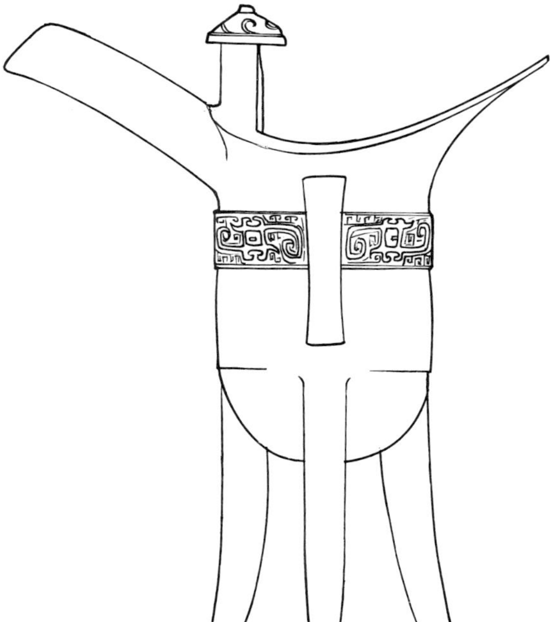
插圖七　獸面紋爵

或平底式的。卣呈長頸壺形，曲線優美，蓋與提梁由小環相連。盂是較少見的器形，大口、深腹、圈足、有兩附耳。

殷墟的青銅器大部分都有陶器的雛形，即仿自陶器或經改造而成，但到這一期，出現了可稱爲眞正的造型藝術的青銅器，即大量以動物形象爲原型的器形——犧尊。例如，婦好墓中的鴞尊，即爲一昂首傲立的鴞的形象，鈎喙上翹，雙目怒視，鴞尾下垂與前二足鼎立，尊蓋上尚有一小鳥，尊體滿飾花紋，端莊華麗，造型優美，是不可多得的藝術珍品（插圖八）。

在鑄造方面，這一期銅器的器壁比前一階段增厚，給人以穩重感。器物上流行扉棱裝飾，這種做法，既可以掩飾範線鑄縫的痕跡，又可以增加器物的美感。紋飾方面，前一階段常在容器的頸部、腹部和圈足部裝飾寬帶狀花紋，器上還留有空白。這一階段出現了全身布滿花紋的裝飾。二里岡期流行的細陽線紋及陰刻寬帶紋的紋飾都是單層的，到這一期出現了多層的花紋，即以細線雷紋爲地紋，主紋突出于地紋之上，在主紋上再刻陰線，這就是所謂的『三層花』。這一期流行的紋飾可分三類，一類是神話性動物紋，如獸面紋、龍紋和鳳鳥紋等，一類是寫實性動物紋，如人首紋、鳥紋、魚紋、龜紋和蟬紋等，還有一類是幾何圖案紋，如圓形火

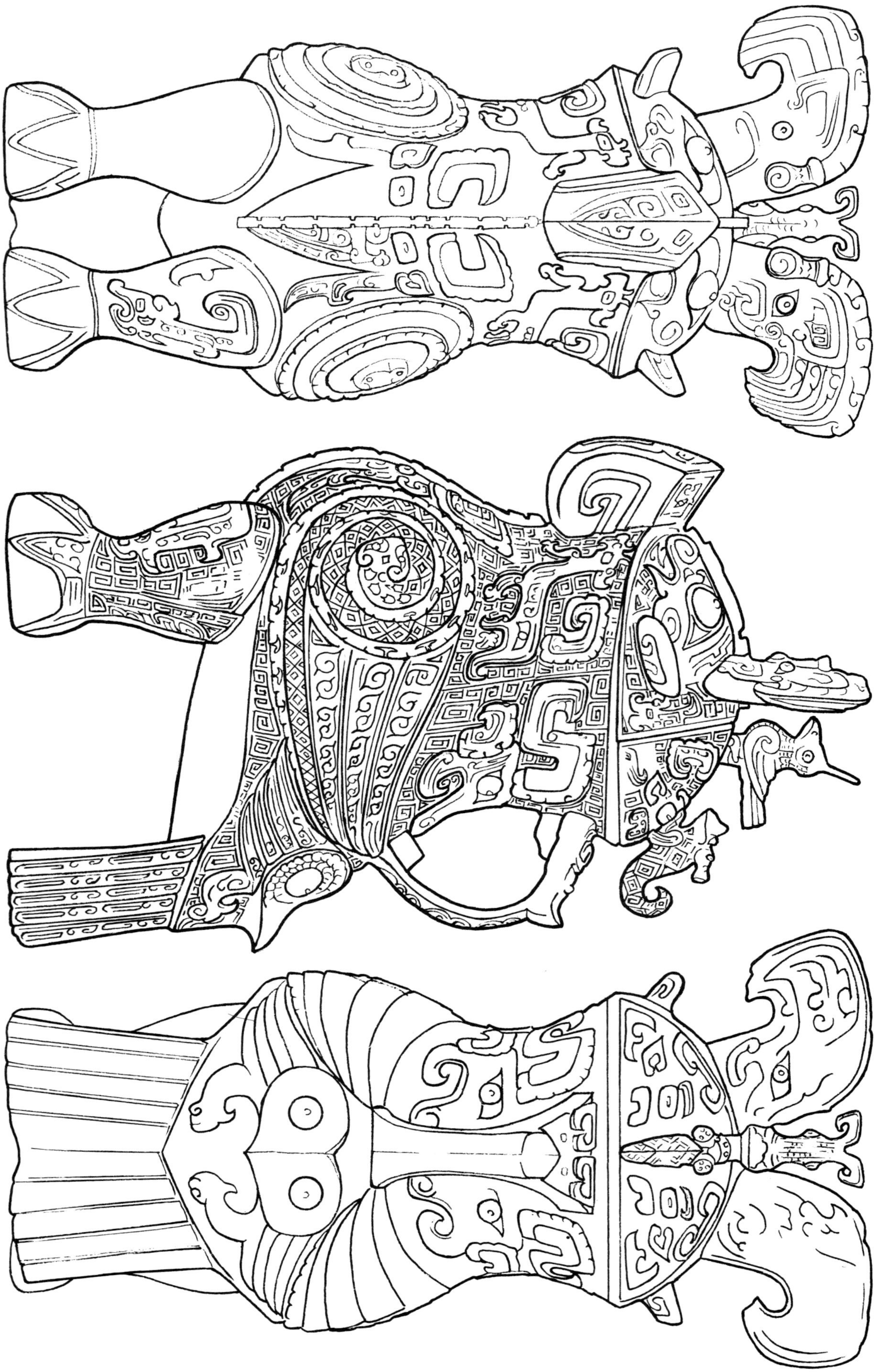

插圖八　婦好鴞尊

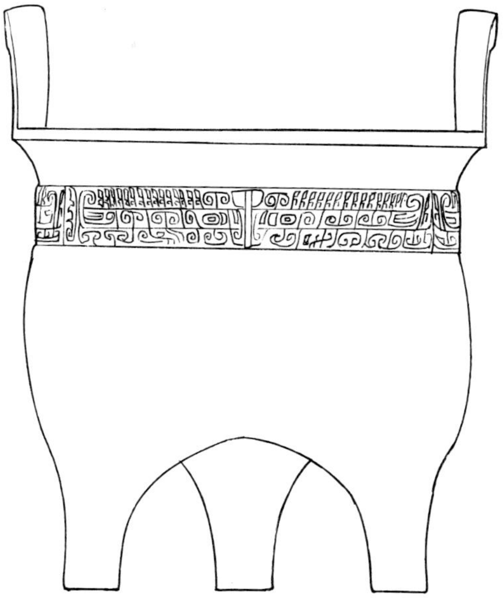
插圖九　獸面紋鬲

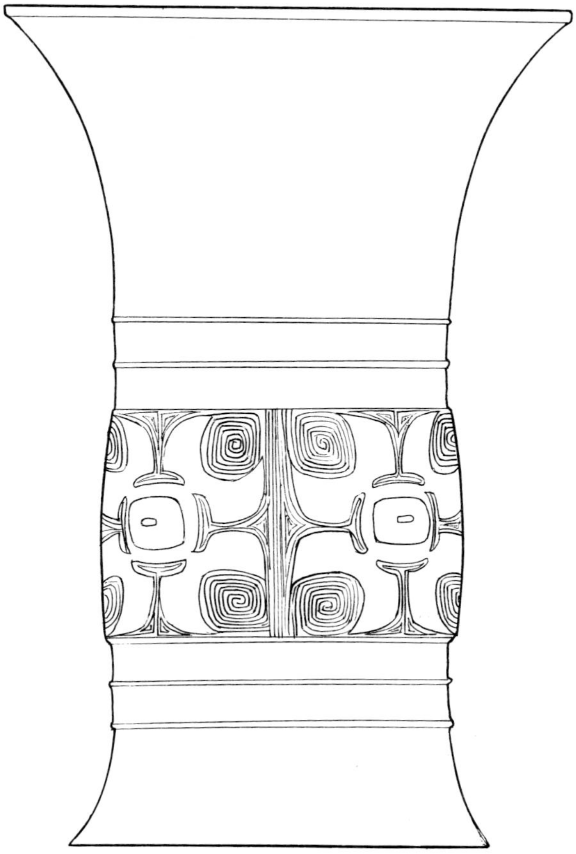
插圖一〇　四瓣目紋尊

紋、三角紋、雲雷紋、乳釘紋和蕉葉紋等。

第一期的青銅器上很少見銘文。這一期的青銅器上已常見鑄銘。銘文的部位，鼎在腹壁內，觚在圈足內，爵在鋬內，簋在腹底。銘文字數極少，內容簡單，僅爲族徽及祖先的名諱而已。

第三期爲典型殷墟青銅器風格猶存、但已蘊育着西周青銅器風格的時期。關于殷墟第二期和第三期青銅器分界的年代，目前尚不清楚，因爲一些代表第三期青銅器的器形并不是同時出現的。但其最後形成階段是在帝乙、帝辛時期。

這一期青銅器的器類與組合，基本上與第二期相同，只在器形上有所變化（插圖九、一〇）。方形器在較大一些的墓中仍存在。

鼎仍以盆式柱足鼎爲主，但腹較淺，雙耳外撇，柱足變得細長，并開始出現上下粗中間細的鼎足。在郭家莊一六〇號墓中出現西周時期流行的橢圓體四足蓋鼎。簋呈侈口斜腹，圈足增高，除無耳簋外，又流行雙耳簋，有的耳下還有垂珥。觚的形體更細，但又出現一種粗體四棱觚。爵仍是卵形底，但器腹加深，立柱後移。斝流行分襠袋足斝，但方斝仍存在。第二期流行的三段式喇叭口形尊已爲觚式尊替代。卣流行橢圓扁罐式，有提梁，但提梁不用鏈條與蓋相連。常見的盉有袋足式和三錐足式兩類。

這一期青銅器的器壁仍較厚，但已出現許多胎壁極薄、製作簡陋的明器式銅器，這種現象，不僅出現在等級較低的墓中，也出現在等級較高的墓中。例如，殷墟西區的一七一三號墓，其鼎、簋和爵的器壁較厚，製作精良，且有字數較多的銘文。但其他器的器壁極薄，製作粗糙。

這一期青銅器的花紋裝飾與第二期相似，但已出現簡化趨勢，出現了無地紋的花紋，還有新出現的四瓣目紋等。

銘文的位置，仍同于第二期，但爵的鑄銘位置有移于尾部者。銘文的內容及字數，大部分仍同于第二期，但在殷墟最晚時期，已出現長篇銘文。如後岡圓形祭祀坑出土的戍嗣子鼎，有銘文三行共三〇字，記載了國王對鑄器者的賞賜。其書體運筆流暢、遒勁有力。

殷墟青銅容器反映了商代晚期鑄銅藝術的水平，有許多青銅器造型極爲優美，製作工藝精巧，裝飾富麗華美，是青銅藝術品中的瑰寶，現擇要簡介如下：

婦好偶方彝（插圖一一），出于小屯村婦好墓，通高六〇、長八八·二厘米，重七一公斤，是眞正的重器。它的基本造型可能是模仿當時的宮殿建築鑄造的。器蓋爲四阿式屋頂形，其上有兩個四阿式短鈕，可能表示煙囱，屋檐下有七個方形槽，似爲椽木。器通體布滿高浮雕、淺浮雕和平雕效果的裝飾紋樣。器蓋兩面中部各飾一個突起的鴞面，神態猙獰。其兩側各飾一鳥，鈎喙長尾，相對而立，形象生動。器身中部是一個巨大的獸面，其兩側各有一龍。圈足上飾龍紋。通體以雲雷紋爲地紋。此器雄渾華麗，氣勢非凡，給人以神秘感。

婦好圈足觥（插圖一二），小屯村婦好墓出土，通高二二、長二八·四厘米。這是一件以猛獸作爲原型的酒器。器蓋的前端爲虎頭，張口露齒，兩耳豎立，後端是鴞首，圓目鈎喙，中間有一條脊棱與虎鴞相連。器後部有牛頭形鋬。器前半部飾虎身，虎前腿緊縮，後腿蹲踞，

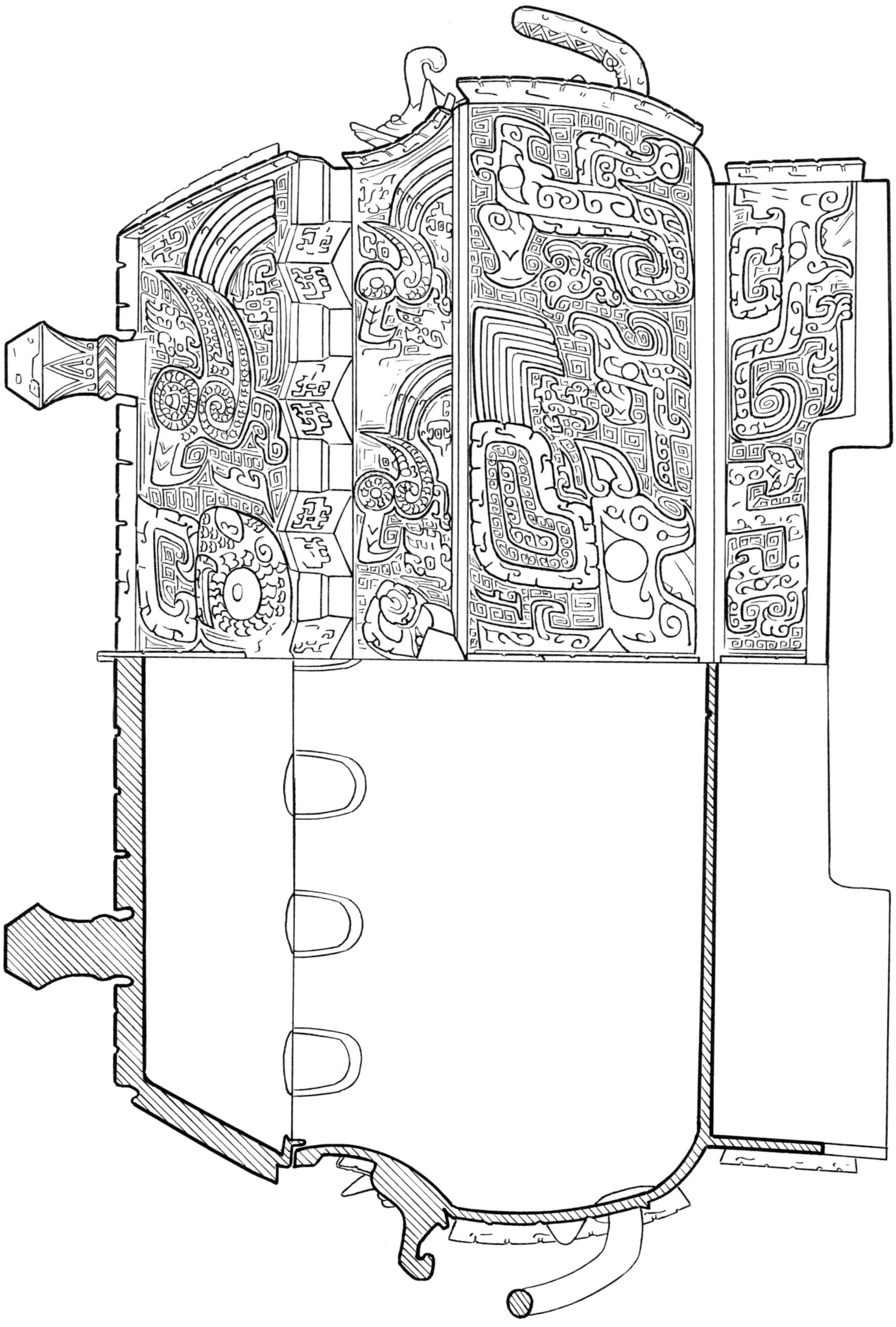

插圖一一　婦好偶方彝

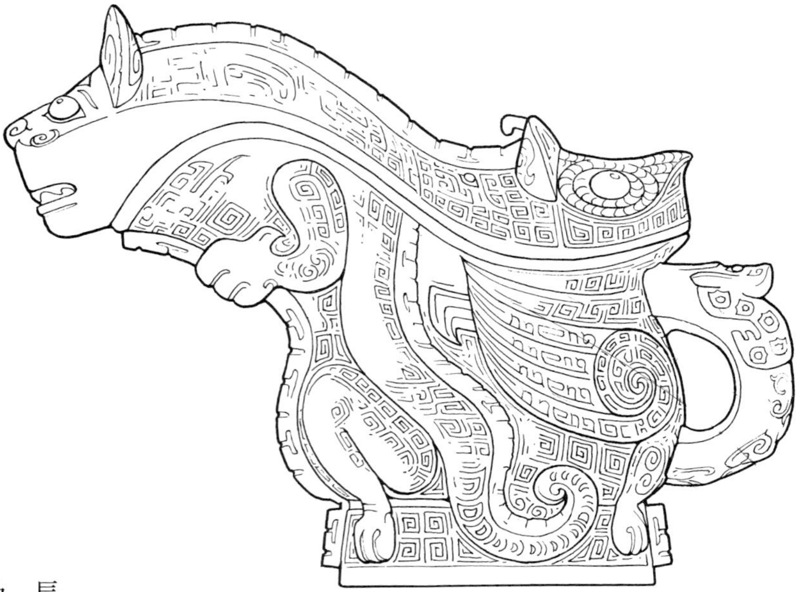

插圖一二　婦好圈足觥

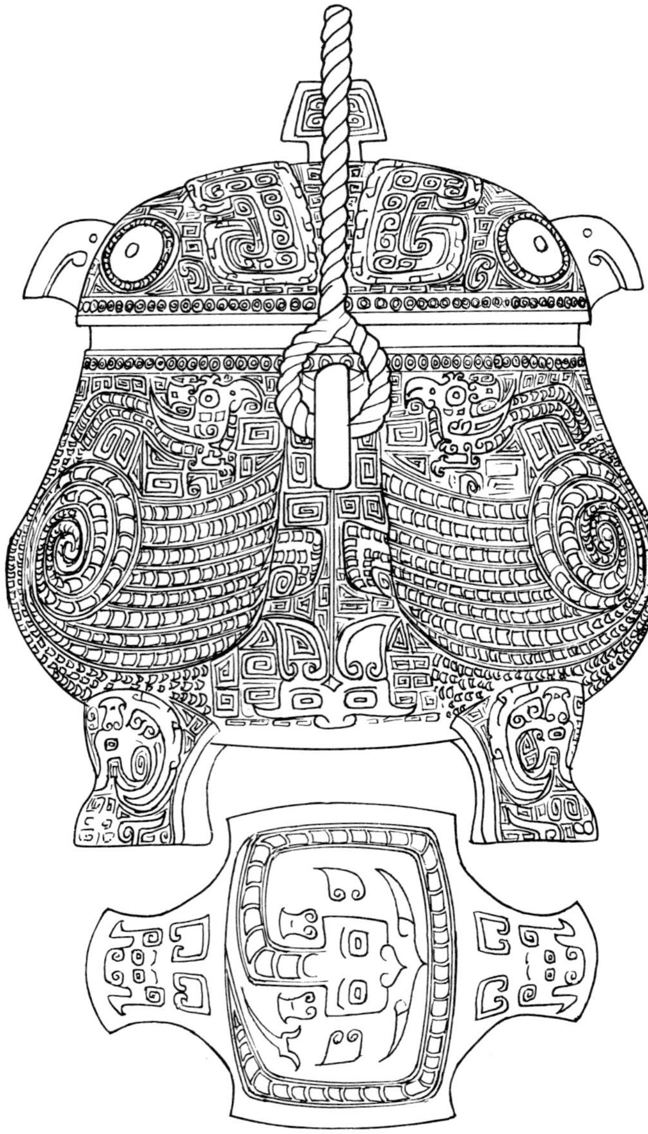

插圖一三　鴞卣

長尾卷起，造型生動，神態逼眞，給人以動感。器後半部是鴞身，鴞雙翅併攏，挺胸站立，生動自然。此觥器蓋和器身銜接得體，不失爲一件構思奇巧，製作精美的藝術品。

鴞卣（插圖一三），大司空村五三九號墓出土，通高一九厘米。整體造型似兩相背立的鴞。器蓋由兩鴞頭組成，鴞尖喙大眼，大角小耳。器腹爲鴞身，前胸兩側有翅。體下爲蹄形足。體態豐滿，紋飾華麗。

亞址卣，郭家莊西出土，通高三五．八厘米，器身爲橢圓形，蓋凸起，高頸，下腹微鼓，高圈足，肩兩側有耳，穿一提梁，提梁上飾夔龍紋，提梁兩端各飾一獸頭。器蓋、頸、腹和圈足上皆飾高扉稜，增加了裝飾氣氛。通體飾鳥紋，鳥高冠長喙，長尾卷曲，形態生動。器形華麗端莊。

在殷墟青銅器中，除青銅禮器外，還有兵器、工具、樂器及車馬器。常見兵器有戈、戣、矛、鉞、鏃、刀、冑等，常見工具有錛、鑿和鏟等，樂器有鈴和鐃，車馬器有軎、轄等。

戈，前有援，後有內，常見的戈有直內戈、曲內戈和管銎戈（插圖一四、一五、一六）。有的曲內戈內後段似鳥形，鏤孔，鑲嵌綠松石。殷墟中期的戈都無胡，到殷墟後期，尤其是最後階段，出現了中胡戈，胡上有穿。個別戈上有作柄頭飾的銅龠，柄底飾鐏。戈柄的長度，由發掘到的殘痕而知約一米左右。

戣，又稱三角形戈，援呈三角形，以內安柄。有的援上有圓孔或飾花紋。此類兵器數量不太多。

矛，由矛葉和筒兩部分組成（插圖一七）。常見矛的矛葉有兩種，一種是三角葉形，一種是亞腰葉形，後一種在殷墟後期較流行。矛的筒是安柄用的，常見的筒口有橢圓形和菱形兩種。矛柄長約一．八米。

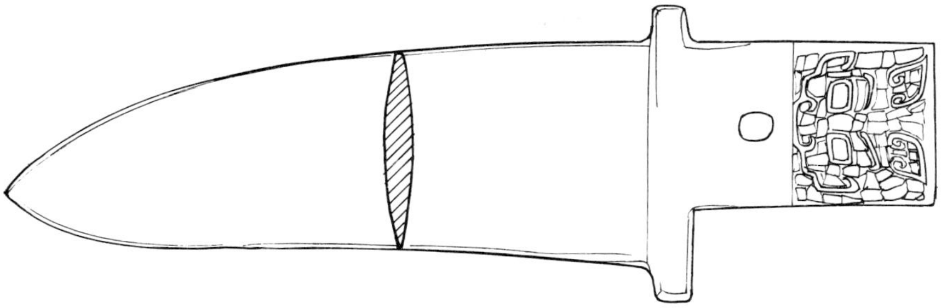

插圖一四　直內戈

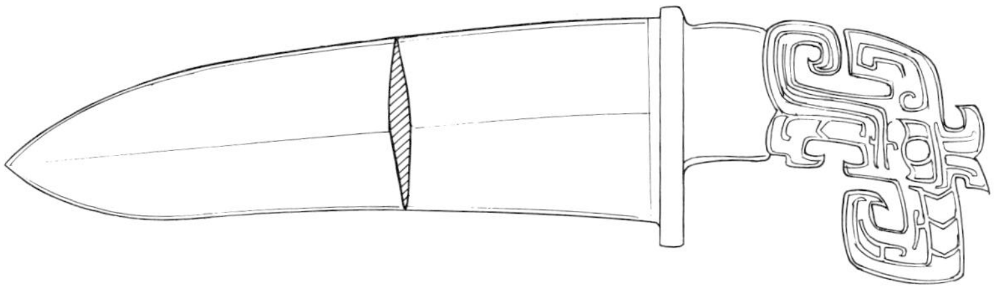

插圖一五　曲內戈

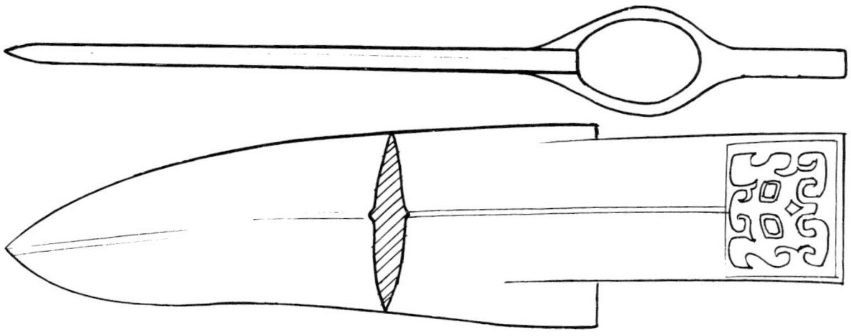

插圖一六　管銎戈

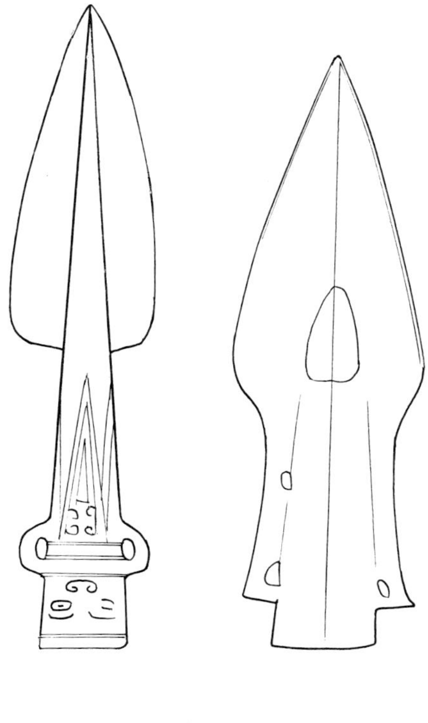

插圖一七　矛

鉞（插圖一八），常見于較大的墓中，這是一種代表身份的兵器。鉞身扁平，刃呈弧形，刃角外侈，有長方形內。常見鉞有兩種，一種鉞身呈扁長亞腰形，一種鉞身呈斧形。前一種鉞常見于殷墟前期。最大的鉞見于婦好墓，長三九·五、刃寬三七·三厘米。

殷墟青銅兵器中數量最多的是銅鏃，鏃身呈燕尾形，圓柱形鋌。個別鏃無鋌而有筒。

弓形器，中段爲一呈弧形彎曲的扁長方形板，似弓形，板兩端有弧形臂，臂端有**鈴**。有的弓形器背上有立獸裝飾。這種器的用途，尚需進一步探討。

刀，拱背曲刃，刀身細長，柄端有環或動物形首，供佩帶用。

冑，只在西北岡大墓中發現，形似今之鋼盔，但護耳部分延長，正面有一長方形缺口，盔頂有一小管，以插裝飾物。

作爲生產用的青銅工具主要是手工工具，常見的有錛和鑿。錛呈扁平長方形，鑿呈方條形，平頂弧刃，頂有銎。

在殷墟遺址或墓葬中，發現少量的銅鏟，鏟葉呈扁平長方形，直柄。這是一種挖土工具，有學者認爲是農業生產工具。婦好墓中有四件銅鏟，刃角上翹，推測是禮儀用具。

樂器有**鈴**和鐃。**鈴**較小，稍大者爲馬**鈴**，稍小者是狗**鈴**。鐃形似鐘（插圖一九），柄頂有筒口，這種樂器可能是口向上插在木架上的。

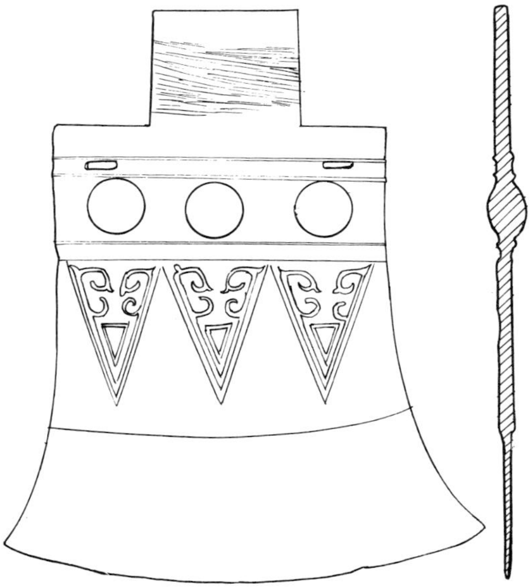

插圖一八　鉞

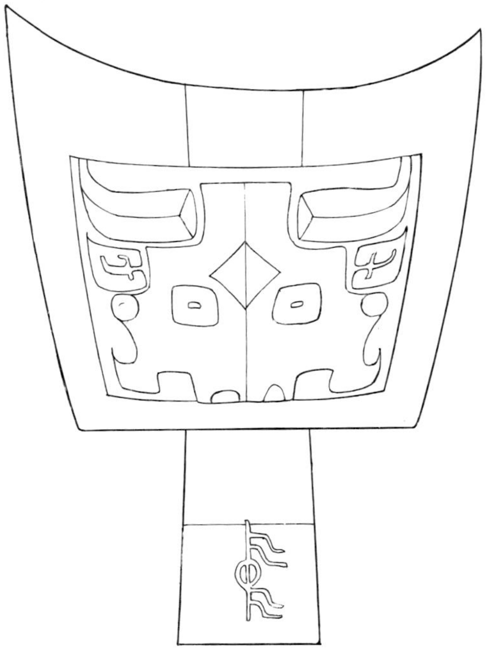

插圖一九　鐃

鏡，在殷墟極少發現，婦好墓中有四件，圓形，背有鈕，背部有葉脈紋及豎條紋裝飾。

在殷墟青銅器中，還有大量車馬上的裝飾或零件，常見的有軎、轄、軛、當盧、鑣、泡、勒和策等。

殷墟墓葬中出土了大量的海貝，是作貨幣或裝飾用的，但也有極少銅貝，形與海貝同，但較小。

在殷墟的青銅兵器和工具中，有一些器物與北方地區青銅文化有關，其中如管銎戈和鈴首、環首、三凸鈕環首刀，可能是由北方地區傳入的。有些器物，可能是對北方地區青銅器的仿製，如馬首、牛首或羊首彎刀。商代的銅戈，從二里頭文化起，一直使用內式安柄戈，但從殷墟中期起出現了銎式戈，一直使用到商代末年。這種銎式戈，反映了與北方地區青銅文化的交流與融合。殷墟發現的銅鏡，也可能是外來的。最早的銅鏡出現于齊家文化，殷墟極少見，其鏡背紋飾，如葉脈紋和豎條紋均不見于殷墟其他青銅器上。

鑄造殷墟青銅器銅錫礦的來源，一直是學者探索的問題。雖然，全國各地有許多地點有銅錫礦，有些學者根據古文獻及地方誌找出不少古礦的地點，但很難確定哪些礦是用以鑄造殷墟青銅器的。最近，有些學者根據銅器中所含鉛同位素比值模式與現代礦中鉛同位素比值模式對照，以找出殷墟青銅器原礦產地（鉛同位素比值在採冶、鑄造及鏽蝕過程中不會發生變化）。根據對婦好墓幾件青銅器的鉛同位素比值模式的測定而知，有幾件青銅器的銅料來自湖北大冶銅綠山，有幾件的銅料來自雲南永善金沙。通常的做法是，先在原礦產地把銅礦提煉成銅錠，然後再運到殷墟地區進行冶鑄。在殷墟苗圃北地、薛家莊、孝民屯和小屯村都發現有鑄銅遺址，其中最大的是苗圃北地遺址。苗圃北地遺址位于小屯村宮殿區東南約一公里處，面積約一萬平方米。從發掘出的遺蹟分布看，遺址西部是居住區，有許多房屋遺蹟，東部是作坊區。在作坊區發現有工棚，工棚內有大型陶範。遺址內還有煉爐、將軍盔、大量陶範和陶模等。陶範以禮器範爲主，還有少量武器和工具範。孝民屯鑄銅遺址的面積較小，出土的陶範，主要是工具範，禮器範較少。

青銅是銅與錫的合金，有時還加鉛。殷墟的青銅器，按其銅、錫、鉛比例的不同，可分純銅型、銅錫型、銅錫鉛型及銅鉛型四類。純銅型以含銅量大于百分之九〇、含錫量少于百分之二、含鉛量少于百分之三爲界；銅錫型以含錫量大于百分之三，含鉛量少于百分之二爲界；銅錫鉛型以含錫量大于百分之二，含鉛量大于百分之三爲界；銅鉛型以含錫量少于百分之二，含鉛量大于百分之三爲界。

中國社會科學院考古研究所實驗室曾對殷墟西區四三件青銅器和婦好墓九一件青銅器作了測定，婦好墓只有銅錫型和銅錫鉛型兩類，而殷墟西區的青銅器則四個類型都有。在婦好墓中，百分之七二的青銅器是銅錫型的，其含錫量最高可達百分之二〇，極少有低于百分之一〇的。銅錫鉛型約占百分之二八，其含鉛量可高達百分之七、八。殷墟西區的青銅器中，純銅型占百分之九，銅錫型占百分之二一，銅錫鉛型占百分之二六，銅鉛型占百分之四四，後兩型占了三分之二以上。在殷墟西區，還有許多純鉛器。這種情況，一方面反映了墓主身份的差別，另一方面也與時代相關。婦好墓屬于殷墟文化二期，西區則屬于殷墟文化二至四期。在殷代後期，由于錫的來源日益減少，器物中的錫即用鉛來替代，至晚期，甚至出現純鉛器。西區墓葬大部分屬于殷墟文化三、四期，銅器中鉛比例的增大，原因即在于此。

殷墟青銅器是用片範法鑄造的，在殷墟的幾個鑄銅遺址中，都發現了大量的陶範，苗圃北地在一九五九年至一九六一年的發掘中，發掘到一九〇〇〇餘塊陶範，孝民屯發掘到三〇〇〇餘塊陶範，兩地均有陶模碎塊出土。

鑄造一件銅器，要先製模與範，然後澆鑄。第一步是製模。常見的製模法有兩種。一種以實物爲模，如製銅鏃即用此法。一種是用泥塑成模體，如銅觚等容器常用此法。有的器物用一個模即可，有的要分製幾個模，許多銅器上的附件，如獸頭、提梁等都是分開製作的。

第二步是製範。製範之法大致有兩種。一種是把泥片直接貼在模上，模的形狀及花紋即印在泥片上，整個模貼完泥片後，即分割取下，範片之間的相接處留有榫眼。另一種是夯築法，先准備一個木框，把模放在框內，用範土夯築，夯築完後也要切割。範做成後要陰乾，并經過焙燒。一件器物需用多少塊範，與器物的大小及種類有直接關係。例如，鑄小刀，一塊範即可。而鑄以內安柲的銅戈，即要兩塊範。鑄大件器物的用範數，同一種器物也不一樣，例如銅觚，少的用兩塊範即可，多的要用四塊或六塊。

第三步是製泥芯。泥芯的製法，大致有兩種。一種是在原模上刮去一層土，這層土即是器物的厚度。另一種是先合範，再填芯土，然後把範脫開，刮去芯土上相當于器物厚度的土。有些器上的芯土是留在器物內不取出來的，如鼎耳和鼎足內的芯土即是。

第四步是熔化銅錠。熔化銅錠要在熔爐中進行。由苗圃北地發現的情況分析，常見的熔爐有兩種。一種是豎爐，由泥條盤築而成，從發現的爐壁殘片可知，爐壁呈弧形，口徑約在一米左右，爐外壁塗黃泥，內壁有燒流，有一件爐壁殘片上還有一個圓孔，是銅液的出口。由于發現的都是爐壁殘片，故爐的高度不好推斷。另一種是土坑式熔爐，坑呈圓形或橢圓形，口徑約一米、深約半米，底呈鍋底狀，坑壁被燒成流。

在苗圃北地的遺址中，發現許多小陶管，管呈錐形，一頭粗，一頭細，長約三至五厘米，可能是鼓風皮囊上的風嘴。

在苗圃北地遺址中有大量木炭，這是熔銅用的燃料。

第五步是澆鑄。澆鑄前，要把內芯外範合攏，爲保持型腔的距離均勻，對型腔的控制採取兩種方法。一種是將芯土固定在型座上。苗圃北地發現一陶觚外範，外範的延伸部分即有鑲嵌芯座的榫眼。另一種方法是在內芯外範之間用支墊固定。外範合攏後，用繩綁牢，并塗上泥，爲避免澆注銅液時外範發生漲裂，要把陶範放在砂箱內。澆鑄前，陶範要經過加熱。據實物觀察，大件容器的澆口都在足部或底部，爲排除型腔內的空氣，還要預先留好冒口。例如銅鼎的澆鑄，一足或兩足作澆口，另一足即爲冒口。戈、矛等小件器物，是從內端或銎端澆鑄的。

在苗圃北地內，有稱作將軍盔的容器，過去有人推測是作熔銅坩堝用的，現在看來，可能是一種盛銅液的水包。

一件銅器的澆鑄，有的是一次完成，有的要多次完成，前者稱爲渾鑄法，後者稱爲分鑄法。分鑄的器物，大多有附件，如提梁卣上的提梁，銅尊肩上的獸頭等。分鑄法又可分先鑄和後鑄兩種。後鑄法是先鑄器物的主要部分，然後再在其上澆鑄附件。先鑄法是先把附件鑄好，在鑄主體部分時，把附件放入主體部分陶範中，然後澆鑄。分鑄法的發明，解決了鑄造複雜器物的技術問題，鑄造出了許多形態優美的青銅器。

第六步是脱範。器物鑄成後，即把範塊打掉，不能再用。殷墟的青銅器，都是一器一範，因此，沒有同一陶範鑄出的兩件完全相同的青銅器。這些脱範後的青銅器，由于範片的製作及合範的技術等原因，使器物上留有一些缺陷，例如毛刺、飛邊和鑄縫等，都需打磨修整。在苗圃北地遺址中，發現大量不規整的砂岩磨石，這就是修整銅器用的工具。

經過以上所述工序，一件青銅器就製造出來了。

近幾拾年來，在全國許多地點都發現了殷墟時期的青銅器，有的是在殷代王畿地區，有的是在殷代的多國、多方地區，其地域東逾泰山，西至秦陝，北越長城，南跨洞庭。這些地區發現的青銅器，尤其是禮器，除少數地區外（如湖南），在器類、器形、紋飾和銘文等方面，均與殷墟發現者雷同。這些青銅器，有的可能是當地鑄造的，但以王都的器物爲本，有的可能是從王都訂做的，有的可能是王朝的賞賜，或貴族間的饋贈。這些都反映了殷王朝與周圍多國、多方之間的廣泛交流和殷墟青銅藝術對周圍地區的深遠影響。

殷王朝與周圍地區的交流是極頻繁的，這種交流，既有戰爭，也有貿易。殷墟墓葬中發現的大量海貝和銅、錫原料來自南方，玉器的原料來自西北和東北，青銅器中的獸首刀具有北方民族風格，鱘魚來自東海產地。這都表明殷王朝的政治勢力和璀璨文化映及四方。

青銅器是工藝品，其產生、發展及演變有其自身的規律。但是，青銅器更是社會、政治和經濟的產物。因此，其演變和發展也就受到社會變化的制約。

商代屬于奴隸社會，在奴隸社會中，『國之大事，在祀與戎』。殷墟發現的青銅器中，禮器和兵器所占數量最多。禮器與兵器就是這一大事的物質表現。禮器，除貴族日常使用外，還用作祭器。兵器則對內用來鎮壓，對外用來征戰。

在奴隸社會中，『禮不下庶人』。奴隸社會的禮樂制度實爲奴隸主貴族的身份等級制度，它規定了奴隸主貴族的地位、身份及相互間的關係，禮器是體現這種等級制度的『道具』。

青銅禮器的產生與奴隸制國家的出現是分不開的，貴族階級爲了保持其特殊地位，需要一系列與衆不同的器具來表示其身份，需要在祭享、宴樂和喪葬中反映出來，青銅禮器便應運而生。最早的青銅禮器出現在二里頭文化，但這時的禮器種類極少，數量也不多，只有爵、盉、角、鼎等。到了二里岡文化時期，社會進一步發展，出現了成套的禮器，既有酒器，也有食器和水器，并出現以觚、爵、斝爲核心的組合。進入殷墟時期，隨着青銅工藝的進一步發展，奴隸主貴族對禮器的要求也進一步擴大，這時的青銅禮器不僅數量多，而且種類繁複，器形也優美，婦好墓中的青銅器即爲這一時期的代表。婦好墓是一座未經盗掘的王室成員的墓葬，墓中隨葬的青銅器包括了禮器、樂器、兵器、車馬器、工具、生活用具、藝術品和雜器共八類，其中禮器幾乎占總數之半。在這些禮器中，酒器數量最多，約占四分之三，證明了『殷人好酒』的史實。

因爲青銅禮器是等級制度的體現，故奴隸主貴族使用禮器要符合禮的規定。『殷人好酒』，所以在殷墟時期隨葬的青銅器中，其組合的核心是觚、爵。觚、爵的多少代表了墓主人身份等級的高低。一般小貴族墓只有一對觚、爵，再高些即爲二對、三對或五對。郭家莊一六〇號墓有觚、角一〇對，婦好墓中隨葬了五三件觚、四〇件爵，反映了奴隸主貴族內部等級的差异。

在殷墟發現的青銅禮器中，大部分是祭器，器上有氏族徽號和祖先名諱。祭祀先祖，一方面是求祖先予以保護、賜福，另一方面用以證明青銅器製造者的身份及其與先祖的關係，是維護其統治的一種手段。

在殷墟發現的大量青銅器中，禮器和兵器占有極大的比例，其次是手工工具，很少見農具。禮器和兵器體現了貴族的身份和權力，手工工具是製造器物的用具，而農具則是普通氏族成員及奴隸使用的。這説明青銅作爲貴金屬，是由貴族使用和控制的，青銅器是體現奴隸主貴族身份、權力和地位的象徵。因此，我們可以説，殷墟青銅器的眞實意義，與其説是經濟的，不如説是政治的。

流散的殷墟青銅器

張長壽

河南安陽是商代晚期的都城所在，而商代晚期是我國古代青銅文化的鼎盛時期。由于商代實行厚葬和頻繁的祭祀等原因，大量的青銅器被埋藏在地下，安陽就成了商代青銅器最重要的地下寶庫。自從武王伐紂，周革殷命，商代都城淪爲廢墟，這個地下寶庫也就逐漸被遺忘。然而，隨着時間的流逝，由于自然和人爲的原因，這裏也曾不斷有商代青銅器出現，即所謂地不愛寶，山川之間往往有彝器出焉。這些發現有的還被記錄在典籍中，《考古圖》就收錄了一些出于洹水之濱的商代青銅器，可惜這些器物沒有一件能夠保存到現在。晚清以來，由于甲骨文字的發現，安陽受到學術界的重視，遂有一九二八年開始的殷墟發掘。而古董商賈咸以重金競相收購，致使當地村民恣意挖掘甲骨和銅器，這種局面直到一九四九年以後才得以制止。至于挖掘所出的文物，則通過各種途徑，流散國內外，爲公私各家所收藏。單以青銅器而言，試觀國內外各大博物館收藏的殷墟出土的青銅器，可以斷言，殷墟時期的青銅器業已遍及世界各地。

流散的殷墟青銅器究竟有多少，現已無法統計。本書收錄的確爲傳出安陽者，只是其中極小一部分，而且大部分都是精品。

在這些流散的殷墟青銅器中，最重要的莫過于司母戊方鼎了。此鼎長一·一六米，寬〇·七九米，通耳高一·三三米，重八七五公斤，是迄今所知商周青銅器中最大、最重的禮器。據傳司母戊方鼎于一九三九年春出土于安陽武官村北，旋又埋入，至一九四六年重又掘出，現由中國歷史博物館收藏。此鼎四隅有扉棱，四壁周邊有紋飾，上下兩邊爲獸面紋，左右兩側上下各爲一獸面紋，中央爲縱向的龍紋。四足上端也各有一個獸面紋，雙耳的外側則爲雙虎爭食人首紋。器內壁有銘文『司母戊』三字①。一九五九年，中國科學院考古研究所安陽工作隊根據村民提供的線索，在武官村北探清了傳出該鼎的大墓範圍。一九八四年正式發掘，編號爲二六〇號墓②。這座墓是帶有一條墓道的大墓，位于武官村北地商王陵區的東區，在一四〇〇號大墓之南約四〇米。此墓已被嚴重盜擾，未見重要發現，但從墓葬的規格來看，無疑是商王室成員墓。關于司母戊方鼎的年代，于省吾先生認爲，配偶稱戊者之商王有三：武丁、祖甲和武乙，而殷墟發現的大型器有銘文者都屬晚期。所以他推測此母戊不是武丁、祖甲的配偶，而是武乙的配偶，此鼎則是文丁時所鑄。但是，二六〇號墓發掘報告的編寫者則斷言，根據地層關係和器物特徵，此墓屬殷墟第二期，司母戊方鼎與同期婦好墓出土的司母辛方鼎不但器形相似，銘文的書體也相近，所以他們推測此母戊可能是武丁或祖甲的配偶。如果再比較司母戊方鼎雙耳上和婦好大銅鉞上的雙虎爭食人首紋（插圖一），可知其說比較可信。

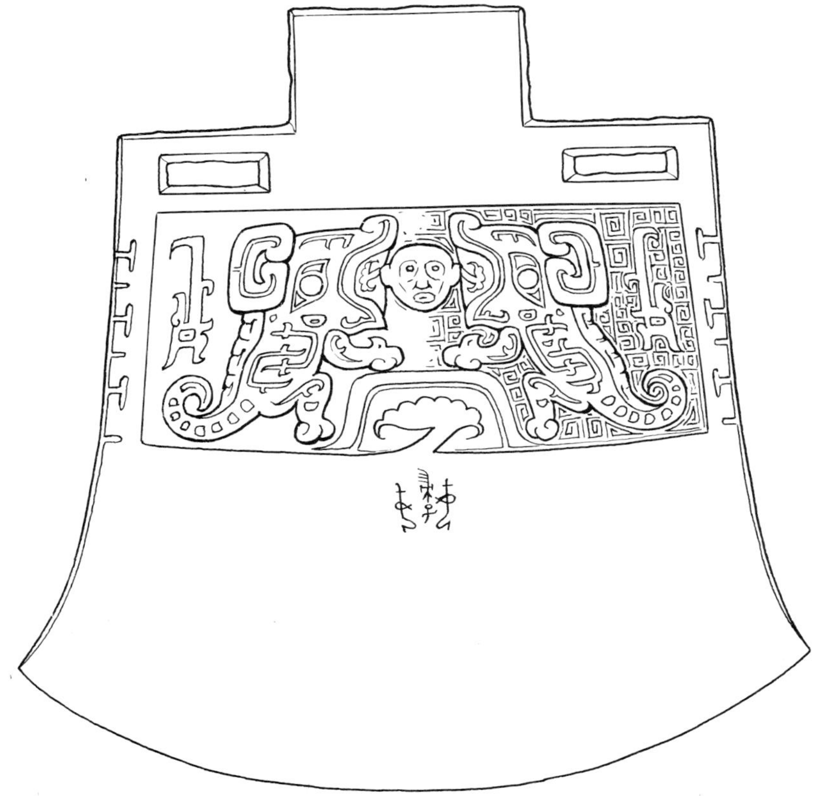

插圖一　雙虎爭食人首紋

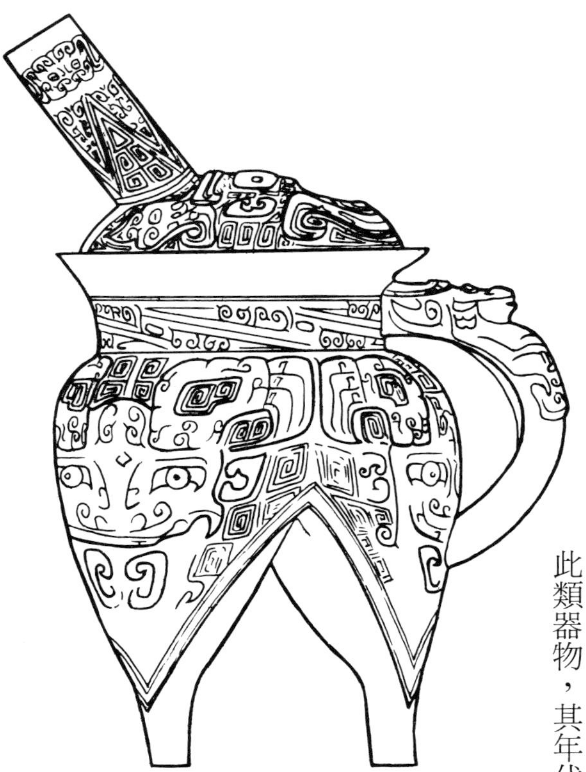

插圖二　婦好盉

除了司母戊方鼎外，流散的殷墟青銅器中有不少傳出安陽武官村北地商王陵區內，如日本根津美術館收藏的三件大方盉就是傳出武官村北地一〇〇一號大墓。這三件方盉器形相同，都是封口盉，花紋也都非常華麗，高度在七一至七三厘米之間，器上分別有左、中、右字銘文，顯然是三件一組的器物。封口盉這種器形最早見于二里頭文化[3]。在二里頭文化的二、三、四期中，陶盉是典型器之一，是主要的隨葬陶器中的一種，而青銅盉却僅僅一見[4]。到二里岡商文化時期，二里頭文化那樣的陶盉已基本上絕跡，但青銅盉却有相當的發展。由此看來，青銅盉是從陶盉發展來的，而兩者的發展既不同期也不同步，而是有先有後。到了商代晚期，特別是殷墟一、二期，青銅盉仍有發現，如婦好墓[5]。但是，無論是二里岡時期或殷墟早期，所有的青銅盉都是圓形三足（插圖二），而像日本收藏的方形四足盉是絕無僅有的（插圖三），這也許和當時流行方形器有某種聯繫。

關于安陽武官村北地諸大墓的年代及其墓主，學者之間的認識各不相同，但對于一〇〇一號墓則比較一致，大都以爲它是其中年代較早或最早的，然而在墓主問題上仍有分歧，或以爲是武丁之墓，或以爲還要早一點[6]。如果這三件方盉確是出自一〇〇一號墓，則其年代自應隨之而定。此三盉氣勢雄偉，其出自王者之墓是完全可信的。就器形來說，婦好墓之後再也未見此類器物，其年代也因之而可以確認。

插圖三　中方盉

除了司母戊方鼎和三件一組的方盉之外，梅原末治指出，日本收藏的帶有『亞矣』銘文的一組青銅器也出自武官村北地大墓。這組銅器共六件，有鼎、斝、尊、瓿、方卣和方罍（插圖四），器形都較大，最小的方卣高約四〇厘米，最大的斝高達七三厘米，分別由日本的根津美術館、白鶴美術館和藤井有鄰館收藏⑦。據稱，它們都是一九三三年和一九三四年間流入日本的。這六件青銅器中，鼎的形制比較特殊，作上尖下圓的卵形，兩側有半環形耳，上有蓋，蓋鈕即是尖頂，下有三個粗壯的圓柱形矮足，這是一件極爲罕見的异形鼎。其他幾件的器形大抵與殷墟第二期的同類器物相似，推測其年代也相近。鑒于此六器都有同樣的銘文，推測其很可能出自同一座墓葬，但已無法確認它們究竟出于武官村北地的哪一座大墓。

類似的例子還有美國紐約大都會博物館收藏的一件方鼎和一件尊，德國科隆東亞藝術博物館收藏的一件方彝，它們都有相同的族徽銘記『宁』。美國弗利爾美術館收藏的一件鄉方斝、日本白鶴美術館收藏的鄉觚，美國舊金山亞洲藝術博物館收藏的鄉壺，銘文相同。據傳，它們都出自河南安陽，因此，它們也很可能是出于同一座墓的一組同銘銅器，或是同組銅器中的若干件，只是由于同樣的原因，出土後分別流散到國外，失去了組合，成爲孤立的藝術品，這是非常可惜的。

北京故宮博物院收藏有傳出安陽的三件卣，即二祀邲其卣、四祀邲其卣和六祀邲其卣（或稱孶卣），是商代銅器中有較長銘文的著名銅器，被認爲是商代末期帝辛時期的遺物。這三件卣有兩種形式，二祀卣、六祀卣是橢圓形的，而四祀卣是圓壺形的，根據銘文可以確認這兩種卣都屬于商代末期的形式。商代最早的卣，據現有的資料，是在鄭州的一個二里岡時期的窖藏中發現的⑧。那件卣也是圓壺形的，但在式樣上與四祀卣有較大的區別。而殷墟早期的卣又是另一種形式。安陽小屯三三一號墓所出的是方卣，婦好墓所出的卣則是小口長頸的圓卣，武官村北地一〇二二號墓所出的卣，形制與婦好墓的卣相同，而製作更爲精巧，它的長頸實際上是一件倒置的觚，可以取下作爲飲器。由此可見商代卣形器演變的大致脈絡，對于它們的斷代提供了可靠的依據。

美國弗利爾美術館是收藏中國商周青銅器較豐的著名博物館之一，有不少傳出安陽的商代

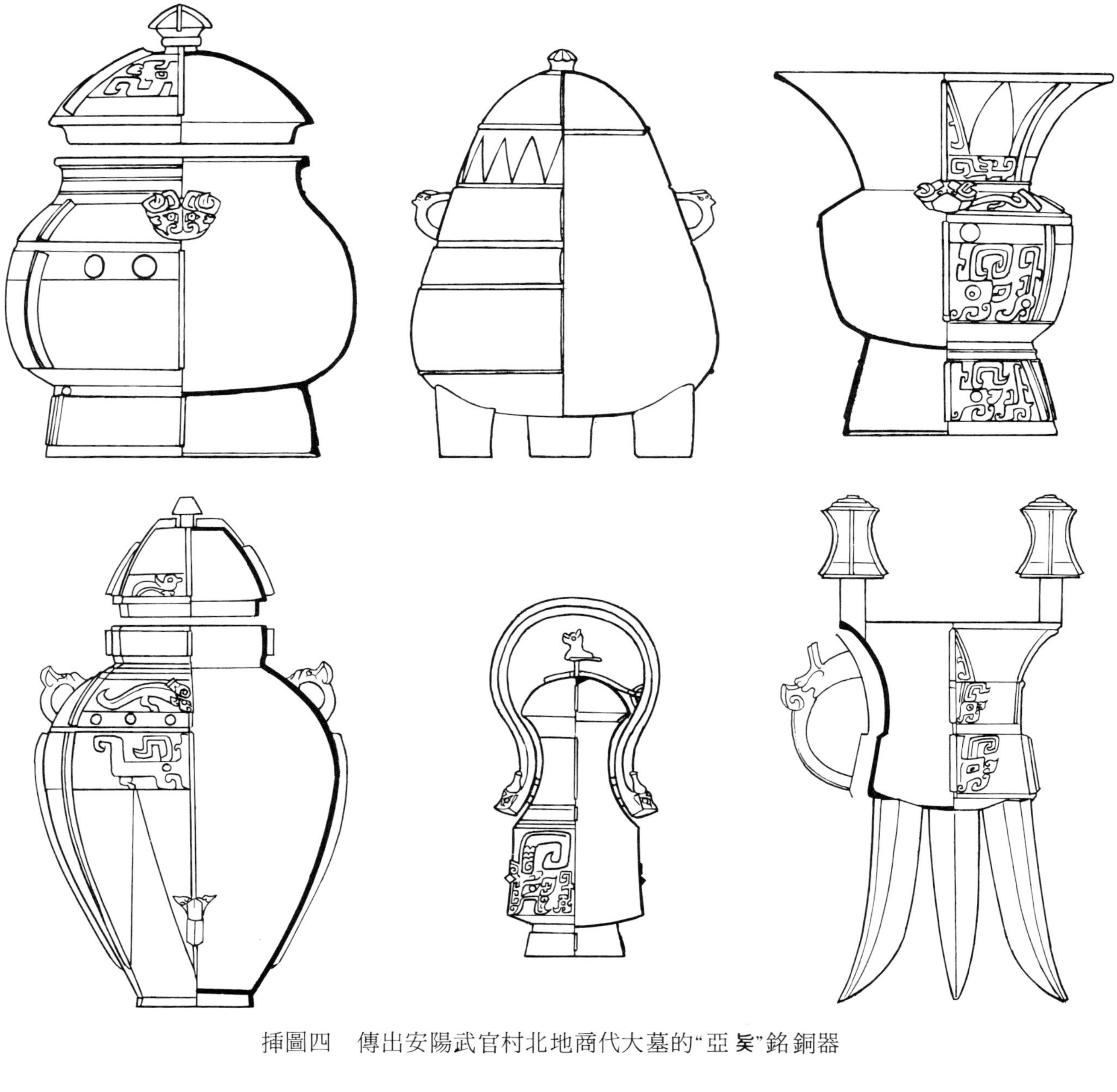

插圖四　傳出安陽武官村北地商代大墓的“亞矣”銘銅器

青銅器精品[9]，其中以人面龍紋盉最爲奇特。這件盉的器蓋表面作雙角人面形，後腦接龍紋軀幹作爲器身的主體紋飾，龍的兩個前爪合抱于盉流的兩側，其造型頗具詭譎神秘色彩。像這樣的器形在殷墟青銅器中僅此一見，但有一點值得注意的是，殷墟青銅器中大量應用人面的形象作爲裝飾紋樣的主題。如日本根津美術館收藏的三件方盉，其封口頂上都以人面紋樣爲裝飾，武官村北地一四〇〇號大墓出土的人面形銅器更是以此作器。司母戊方鼎和婦好大銅鉞上的雙虎爭食人首的紋飾也是表現這種主題。其含義應作進一步的探究。美國弗利爾美術館收藏的一件鑲綠松石的銅柄玉戈[10]，亦是傳出安陽，銅柲上以綠松石鑲嵌出獸面紋、龍紋等圖樣，其保存之完好、造型之端莊、做工之精細，在同類器中是獨一無二的。

加拿大多倫多皇家安大略博物館也藏有不少安陽出土的商代青銅器。本世紀三〇年代初期，懷履光在開封任中華聖公會河南主教，他得以就近收購安陽出土的文物，後來，這些文物都成爲安大略博物館的藏品[11]。它們雖然說不上是什麼精品，但是出土地點明確，分別出自大司空村南地、高樓莊和郭家灣。這些地點至今仍不斷發現有商代墓葬，幷出土青銅器，是商代晚期的主要墓地。

歐洲各國如英、法、德、瑞典等國的著名博物館也都收藏有出自安陽的商代青銅器，本書均已擇要收錄，就不在此一一贅述了。

流散的殷墟青銅器，特別是流散在國外的殷墟青銅器，把中國商代的青銅文化傳播到世界各地，它充分顯示了中國高度發達的古代文明，讓全世界更好地瞭解中國的歷史和文化，在這一點上起到了很大的作用，也使我們中國人感到自豪。然而，面對這些流散在國外的殷墟青銅器，不禁又使人平添幾分無奈、幾分遺憾。當然，這都是過去的歷史了。不過，在當前改革開放的形勢下，怎樣才能防止這樣的歷史重演，是需要認眞思考的。

附注

① 于省吾：《司母戊鼎的鑄造和年代問題》，《文物精華》第三集，文物出版社，一九六四年。

② 中國社會科學院考古研究所安陽工作隊：《殷墟二五九、二六〇號墓發掘報告》，《考古學報》一九八七年一期。

③ 中國社會科學院考古研究所：《二里頭陶器集粹》，中國社會科學出版社，一九九五年。

④ 中國社會科學院考古研究所：《考古精華》，科學出版社，一九九三年。

⑤ 中國社會科學院考古研究所：《殷墟婦好墓》，文物出版社，一九八〇年。

⑥ 中國社會科學院考古研究所：《殷墟的發現與研究》，科學出版社，一九九四年。

⑦ 梅原末治：《河南安陽遺寶》，一九四〇年。

⑧ 河南省文物研究所、鄭州市博物館：《鄭州新發現商代窖藏青銅器》，《文物》一九八三年三期。

⑨ J.A.Pope, R.J.Gettens, J.Cahill, The Freer Chinese Bronzes, Vol.I, 1967.

⑩ 水野清一：《殷周青銅器と玉》，日本經濟新聞社，一九五九年。

⑪ W.C. White, Bronze Culture of Ancient China, 1956.

婦好墓青銅器的裝飾藝術

陳志達

婦好墓是殷墟發掘以來發現的保存最完整的一座商代王室墓。該墓于一九七六年發掘，一九八〇年出版《殷墟婦好墓》考古報告，由此引發出很多研究課題，受到學者們的重視。出土文物中的若干精品曾多次出國展覽和收錄到圖書中，廣爲流傳，爲弘揚中華民族優秀文化起到了積極作用。

婦好墓出土各類器物一九二八件，以及六八〇〇多枚海貝，一個綬貝和兩個海螺。其中青銅器四六八件，玉器七五五件，極爲珍貴，有些堪稱國之瑰寶。目前，很多學者認爲，墓主婦好，應是殷墟第一期甲骨文中常見的『帚好』，她是殷王武丁的王后，死于武丁在世時期。墓中出土的文物，大部分是武丁時代的作品，在考古年代學方面具有不可替代的作用。本文試圖對該墓青銅器的裝飾藝術（主要指禮器的紋樣）作一初步探討，從而瞭解殷墟時期的信仰意識和藝術造詣。

一

殷墟青銅器上常裝飾有多種形象的獸頭和以獸面紋（或稱饕餮紋）爲主體的瑰麗花紋，它的神秘面目和特有魅力，吸引很多中外學者從各個方面進行綜合性或專題性研究，目的在于揭示其內涵和意義，并已取得很多成果，給我們很多有益的啓示。

婦好墓二〇一件青銅容器的紋樣布局，主要採用三種形式：（一）滿裝：即通體遍飾繁縟紋樣，有些還在特定部位配備突起的獸頭。此種形式爲數較多，約占總數的百分之六一·五；（二）半裝和帶狀裝：即在器腹飾兩組花紋或一周花紋。此種形式數量少于第一種，約占總數的百分之三六；（三）簡裝：僅在器之非主要部位點綴一些簡樸花紋。此種形式最少，約占總數的百分之二·五。一般地說，滿裝的紋樣大多採用複層花，俗稱三層花，即主紋浮于地紋之上，主紋上又有相應的陰線紋。半裝的紋樣多爲單層花，即主紋與地紋不在同一平面上（極少數無地紋）。簡裝的紋樣沒有地紋。我們推測，婦好墓青銅容器上的紋樣布局之所以多爲滿裝，主要有兩個原因：其一，墓主社會地位高；其二，鑄造工藝進步。據與婦好墓年代相當的小屯村一八號墓①相比較，在該墓出土的青銅容器中，滿裝的九件，約占總數的百分之三九；半裝和帶狀裝的一三件，約占總數的百分之五七；簡裝的一件，約占總數的百分之四。由此可以看出，第一個原因是主要的。

二

婦好墓青銅器的裝飾藝術，主要有以下幾種表現形式和紋樣。

（一）突起的獸頭和動物形象。計有各種形狀的獸頭、牛頭、蛇和蛇頭、龍和龍頭、鳥和怪鳥、象頭、蟬共七種。

1、獸頭：多數飾于器的鋬端，少數裝飾在器的頸部或肩部。大部分獸頭作正視狀，形象變化多端，但頭部幾乎都有一對大角，其原型應是有角動物，揣測以牛的可能性較大，少數則近似羊頭。列舉四例：

婦好大圓斝鋬端之獸頭，形象呆板，目字形眼（也稱臣字形眼），眼珠外凸，細長眉，C形耳，大卷角，尖外翹，闊嘴。

司㚸母大圓斝鋬端之獸頭，目字形眼，眼珠外凸，細長眉，頭上長一對巨角，約占頭部之半。富藝術感染力。

司㚸母大圓尊肩部之獸頭，橢圓形眼，C形耳，闊嘴，上唇微翹，大卷角，角尖上挑。

婦好大方尊肩部之獸頭，扁臉，目字形眼占臉之半，細長眉，嘴寬而細，C形耳，大卷角。

2、牛頭：較少見。婦好方罍三耳上端都有牛頭裝飾。目字形眼，大鼻小耳，雙角上豎。形象較眞實。婦好封口盉鋬端亦作牛頭形，目字形眼，嘴微張，雙角後伏，特徵明顯。婦好圈足觥鋬端的牛頭，目字形眼，大鼻寬嘴，雙角後伏，形象較生動。

3、蛇和蛇頭：蛇僅見于龍頭圈足觥的蓋面，起鈕的作用。全形呈游動狀，三角形頭，圓眼，長身拱起，尾向左卷，身、尾飾鱗紋，融藝術性與實用性于一體，構思相當巧妙。蛇頭見于三足提梁盉提梁的端部，呈三角形，也較形象。

4、龍和龍頭：司㚸母大方壺腹上部四面皆有龍形裝飾（插圖一），一頭兩身，方臉尖頜，目字形大眼，C形耳，嘴角上翹，頭上一對鈍角。龍身上拱，分列龍頭左右，雙足內屈，

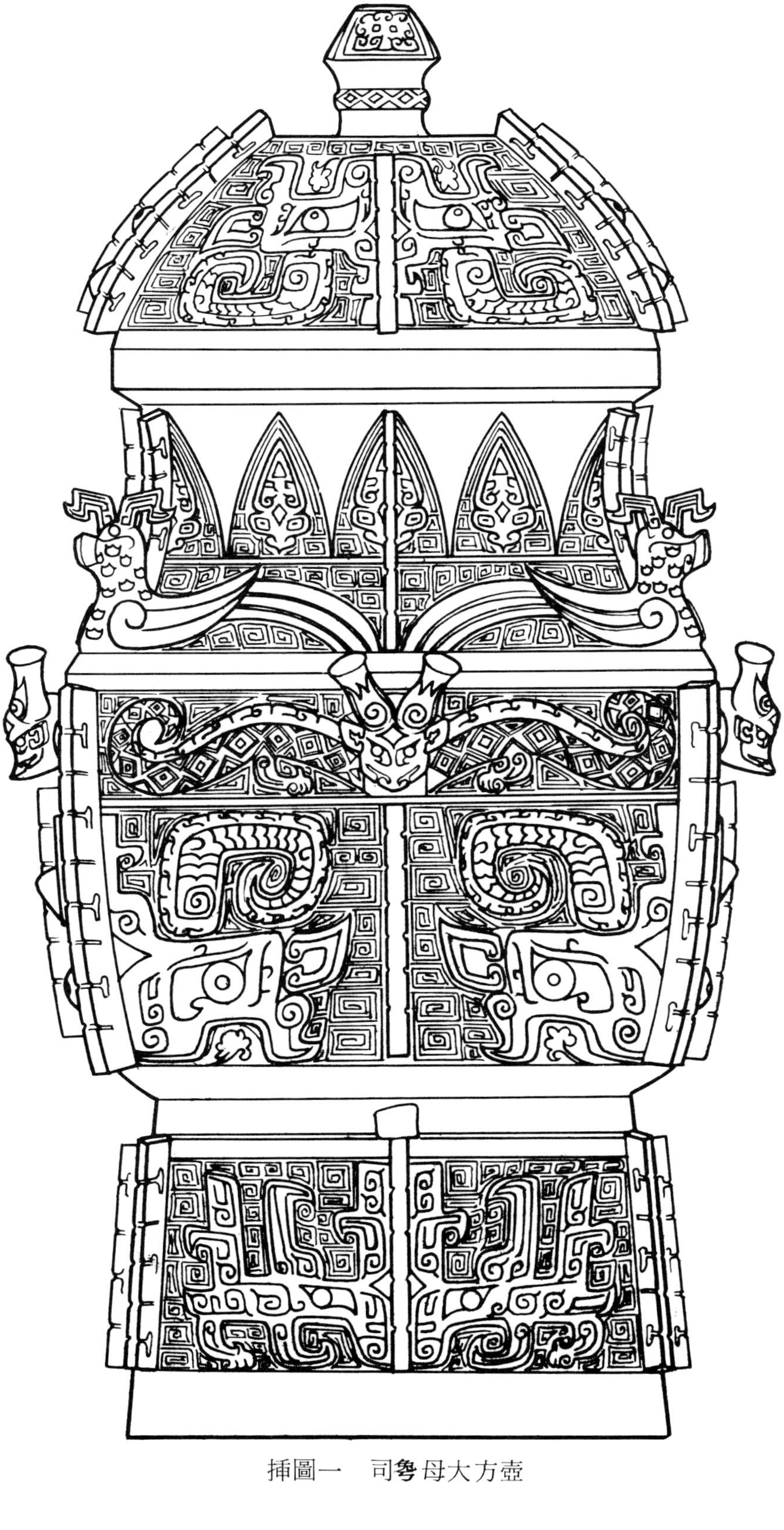

插圖一　司㚸母大方壺

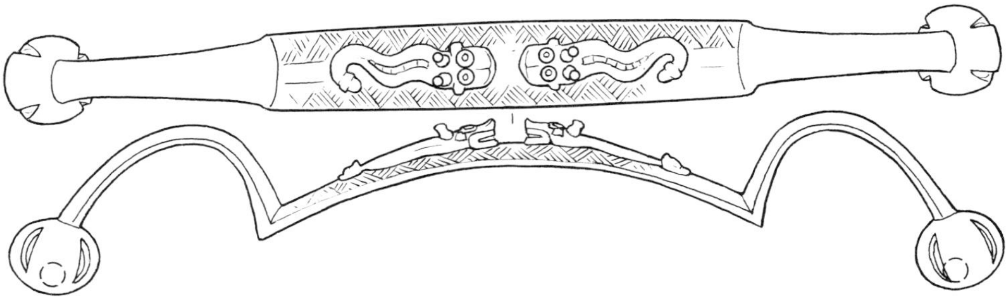

插圖二　弓形器

有三爪。身飾菱形紋。龍呈游動狀，形象詭异神秘。這種一頭兩身的動物，在突起的紋樣中經常出現。張光直教授指出：這一現象『乃是平面表現立體的技術上的要求所使然；換言之，兩個動物原來乃是一個。』②不過，這條龍的身足更顯突出而已。應注意的是一件鈴頭弓形器，弓身的面部兩側各鑄一條頭相對、呈游動狀的怪龍（插圖二），其頭爲龍，闊嘴圓眼，雙角豎起，屈身卷尾，尾作蛇頭形。龍眼及背部均鑲以綠松石片。此種龍蛇合體的怪物，顯然不是平面表現立體技術上的要求，可能是設計者對當時流傳的神物在藝術上的表現。

龍頭在圈足觥的蓋端和提梁卣提梁的端部都有所見。前者爲三角形頭，目字形眼，尖嘴露銳齒，頭上豎立一對大鈍角。龍頭與蓋成一整體，具有裝飾與實用的雙重意義。

5、鳥和怪鳥：鳥并不多見，多置于蓋面，小巧精緻，用作蓋鈕。如提梁卣蓋中部的鳥，尖喙圓眼，短翅寬尾，形似鴿，婷婷而立，神態自若。婦好鴞尊蓋面的鳥（插圖三，見八頁插圖八），與龍相伴，鳥在前，亦作站立狀，喙、眼、翅、尾與卣蓋上的鳥相若，但頭上有兩束高聳的冠毛。鳥後的龍，屈足而立，圓眼，張嘴，頭部兩鈍角，短身卷尾，身尾飾菱形紋。這種鳥、龍相伴的形象不僅加強了整體的藝術效果，也使蓋鈕更爲牢固，構思極其巧妙。鳥也有用作器足的，如銘『婦好』的小型圓鼎，三足均鑄成鳥形，托住鼎底，相當別緻。

怪鳥裝飾在司㚸母大方壺肩部的四角，伏臥，鈎喙圓眼，頭上長一對大角（也可能是誇張的冠毛），翅向上翹，長尾。身上飾鱗紋。從鳥的細部觀察，鳥尾與其他紋樣是隨壺體一起鑄出的，而鳥身係在壺體鑄成之後，再安置鳥形陶範（內外範）澆鑄而成的。製作天衣無縫，工藝相當精巧。

6、象頭：僅見于婦好偶方彝兩端的肩部（插圖四，見一一頁插圖一一），目字形眼，眼珠外突，大耳上豎，長鼻外伸，鼻尖下卷，形象逼眞。

7、蟬：分別見于小方缶口下和八件銅斗的柄部。基本上有三種形狀：甲：體扁短，大眼圓吻，頭翼分界處有三條弦紋，雙翼相連。乙：全身呈三角形，圓眼，雙翼分開，尖尾。丙：全身分成兩部分，前端雙眼作目字形，尖嘴，頭上長一對龍角。後端爲尖吻，橢圓形眼，勾出雙翼，尖尾，形象失實，與商代常見的蟬紋有別。

（二）浮雕式的動物紋和幾何紋。所謂浮雕是指高于器面的紋飾，多爲主紋。紋飾大體分爲寫實動物紋、神話動物紋和幾何形紋三大類：

1、寫實動物紋：種類較多，其形象有虎、牛頭、鴞、蛇、鳥、魚、龜、蟬、蠶以及人頭紋等，但出現次數遠遜于神話動物紋。舉例五種，加以說明。

甲、虎：很少見。一件婦好大型鉞（插圖五，見二一頁插圖一）鉞身上部兩面的虎紋，兩虎相對，張口露齒，大口對准人頭，作騰撲欲吞噬狀，形象恐怖。整幅畫面與司母戊大方鼎耳上的圖像雷同。一件婦好銅盤口下內壁飾陰線動物紋一周，共三組，每組飾虎、魚、鳥各一。虎作側視奔馳狀，其形與同墓出土的一件浮雕玉虎接近，不過虎身上的花紋則相异，值得注意。

乙、鴞和鴞面：鴞，見于鴞尊尾部上端。作俯視飛翔狀，鈎喙，大圓眼，眼圈有一周濃密的硬毛，較形象，雙翼平展，兩足內屈，表現猛鴞快速衝擊的神態，是一件難得的佳作。鴞面，見于婦好偶方彝蓋面中部，尖喙（恰可作方彝器口上尖槽的蓋，極巧妙），大圓眼，圍以濃密的硬毛，刀形眉，一對大耳，頭長兩束角狀冠毛。形象與上述鴞紋有异，別具風格。

丙、鳥紋：多飾于銘『婦好』的銅器上，大部作輔助花紋，很少作主紋。主要有三種不同的形象。

其一，見于偶方彝，作站立狀，鈎喙圓眼，翹翅，足前屈，有爪，寬尾下垂，飾以豐滿的羽毛紋。

其二，見于小方彝，作站立狀，圓眼張嘴，短翅微翹，足前屈，尾分雙翎，上翎翹起，下翎垂地。

其三，作站立狀，尖喙圓眼，頭後有鈍角，寬尾下垂，足前屈，有四爪。以主紋形式飾于婦好小方鼎的腹部。

丁、蛇紋：比較少見，以婦好鴞尊腹部鴞翅上的蛇紋最爲出色。蛇三角形頭，臣字形眼，身尾細長，盤卷兩圈，蛇尾與鴞翅相并行。身尾飾菱形紋。這種怪誕的裝飾，商代少見。

戊、蟬紋：比較多見，大部作輔助花紋，少數用作主紋，主要有三種形狀。

其一，尖嘴，方形目，尖尾，雙翼微展。

其二，頭如蛇，橢圓形眼，尖嘴，尖尾，狀似幼蟬；亦有在蟬之外框以三角形的，我們習稱之爲『蟬紋三角形紋』。

其三，頭部有一對大觸角，方形眼，C形耳，雙翼展開，尖尾。僅見于婦好鴞尊的胸部。形象奇特。

2、神話動物紋：種類少于寫實動物紋，但出現次數與數量則大大超過寫實動物紋，是銅器裝飾藝術中的主流。

李濟先生在《殷墟出土青銅禮器之總檢討》中曾這樣評述：『（殷商）這一時代最時行的花紋母題，以神話動物的各形態爲主要；這一趨勢不但象徵了一種風氣，并可代表那時的一般嗜好及信仰。演變的實例，又可說明那時代的工藝造就及其境界。』[3]我們認爲，李濟先生的論述也適用于婦好墓銅器的裝飾風格。對商周青銅器上動物紋的意義和作用，張光直先生曾作過深入研究，他認爲『商周青銅器上動物紋樣乃是助理巫覡通天地工作的各種動物在青銅彝器上的形象。』[4]據我們觀察，婦好墓青銅禮器上的各種動物形象，在同一件器物上，往往有好幾種共存，其中有的顯然是爲了填補器面上的空隙。因此說，某些動物紋和以幾何紋爲主體的紋飾，純粹是爲了裝飾，很難與通天地的動物聯繫起來。不過，作主紋的動物紋又當別論。

神話動物紋以獸面紋和龍紋最爲普遍。

甲、獸面紋：這是婦好墓青銅禮器中最常見的紋飾。大體上可分爲兩種。

一種是無身尾的獸面紋，此種獸面紋在婦好中型圓鼎、偶方彝、方罍、瓿等器物上都有所見，在觚、爵上更爲普遍，選出三種，作簡要說明：

其一，形似虎面，但有雙角，目字形大眼，圓眼珠，細長眉或無眉，張口，嘴角外撇，寬短鼻子，頭部左右分列巨角，角尖似冠毛下垂，頗有生氣（插圖六）。不少獸面紋與此大同小异，差別主要在于眼、角和嘴角（方形眼、角尖內卷、嘴角內勾）。比較特殊的是飾于一件小方缶腹部的獸面紋（插圖七），形近虎面，目字形眼，圓眼珠，刀形眉，嘴角內勾，寬鼻大耳，頭上左右兩側各有一倒立的小龍。龍張口，方形目，頭上有花形角。從整組圖像看，這一對小龍很像是獸面的角。將兩個神話動物微妙地結合在一起，商代銅器中少見。

插圖六　獸面紋拓片

其二，獸面由兩條倒立的龍紋構成，以器之扉棱作鼻梁，張口，目字形眼，龍尾上豎，尾尖內卷，頭上有角。此種紋樣大多裝飾在瓿的腹部。

其三，獸面除眼外，主體由雲雷紋構成，很難分辨出口、耳等細部。其中有的面部并不對稱，構圖比較簡單。此種紋樣多見于瓿的腹、足部。

另一種是有身尾的獸面紋，此種獸面紋突出面部，面部兩側各有尾或短足。身足或短或長，似受器面空間的限制，無定規。主要有七種（插圖八）。

其一，面似虎，目字形眼，張口，雲紋角，面兩側出身尾，足內屈，有三爪，身中部歧出上豎，尾端作彎鈎形。

其二，面似虎，目字形眼，張口，大鼻，刀形眉，C形耳，大卷角，面兩側出豎立的尾和足（或無尾），足內屈，有三爪。較奇特，不多見。

其三，張口，方形眼或目字形眼，刀形眉，C形耳，大卷角，口兩側有對稱的短足或無足有尾。比較多見。

其四，面似虎，張口，橢圓眼，C形耳，細眉，頭上有巨角，耳兩旁出身尾，短足外屈，尾尖下垂內勾。甚少見。

其五，由兩條對稱的龍紋構成，或以器之扉棱作鼻梁。目字形眼或橢圓形眼，細眉或無眉，大角，短足，短身長尾，尾尖下卷。有的在耳的兩側各有一鈎喙的小龍與之相連。較

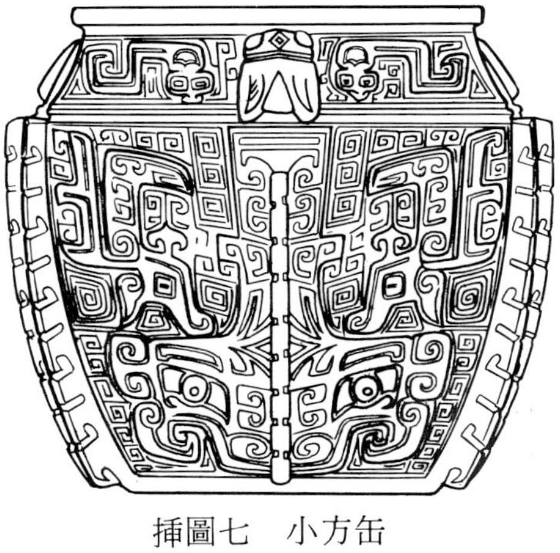

插圖七　小方缶

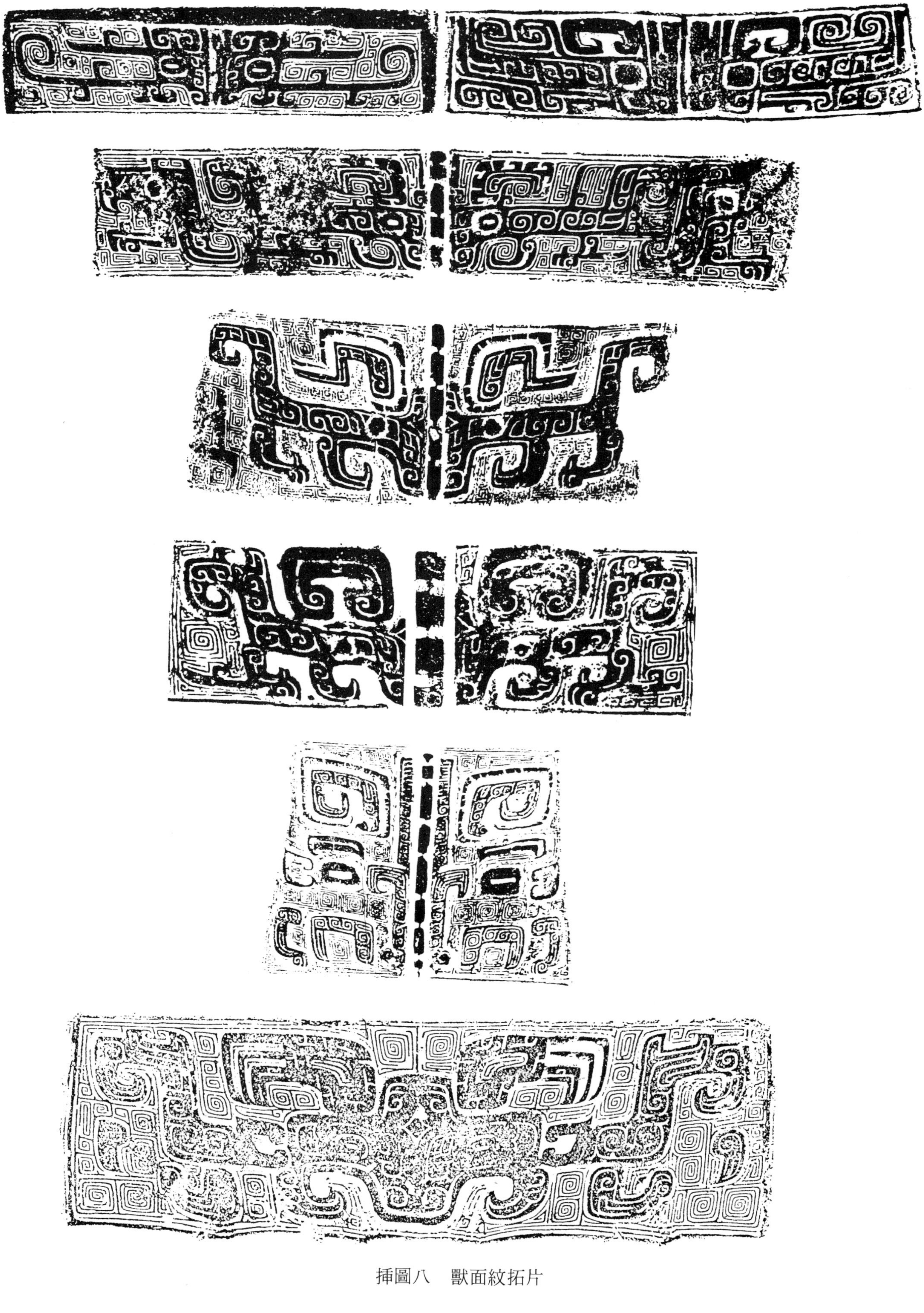

插圖八　獸面紋拓片

少見。

其六，方形目，巨眉大鼻，以寬線條的雲紋構成身尾，或以較寬陰線構成象徵性的身尾。很少見。

其七，由兩條對稱的龍構成，身較細長，分爲兩歧，下歧較長，尾尖上卷。一般多爲方形目，張口，雲紋眉，紋樣比較清雅。

乙、龍紋：基本上有兩種形象。

其一，作正視盤卷狀。張口，目字形眼，下頜與口不相連，C形大耳，頭豎一對鈍角。長身盤繞頭部一周，身飾菱形紋（插圖九）。

其二，作側視盤曲狀（或稱夔紋）。張口，目字形眼，耳形角，長身盤曲，飾鱗紋或菱形

插圖九　龍紋盤

紋。此種龍紋常和獸面紋相伴出現，大多作輔助花紋，僅少數作爲主紋。

一般說來，在同一件器上有兩個以上龍紋者，其形象雷同，但少數器上也出現幾種相异的龍紋形象，如偶方彝下腹及圈足上的龍紋即有三種之多。從總體考察，似可將龍紋歸納爲四型，而每一型中，其細部又不盡相同，這裏僅舉有代表性的例證：

其一，獸型（插圖一〇，1、3、5、7、9），較常見，并多以主紋的面目出現，如：長身卷尾，呈游動狀，張口吐舌，目字形眼或圓眼，尖狀角或鈍角，無足或一足，形象生動。短身卷尾，呈靜止狀態，張口，目字形眼，卷尾，鈍角或雲紋角，無足，很少見。長身拱起或豎立，張口，目字形眼或方形眼，鈍角，一足，身飾鱗紋或雲紋，甚少見。作倒立狀，張口，目字形眼或方形眼，鈎狀角，身上豎，尾下垂。作站立狀，仰首，張口，目字形眼或圓形眼，鈍角，短身尾，雙足，多安排在獸面的兩側，不多見。

其二，鳥型（插圖一〇，2、4），相當普遍，大多用作輔助花紋，飾于器的頸部或圈足部位，如：作站立狀，張口，鈎喙，圓眼，鈍角，長身卷尾，足前屈。作回首狀，鈎喙，橢圓形眼，雲紋冠，身尾較長，尾下卷。作站立狀，鈎喙，橢圓形眼，頭後有角，身分二歧，上歧尾上卷，有足。

其三，雙頭型（插圖一〇，6、8），神秘怪誕。如：兩頭均爲龍頭，一向上，一向下，向上的頭有足和尾，向下的頭則無尾。一頭向上，鈎喙，方形目，胸前有短足；另一頭向下，張口，目字形眼，細眉，頭上有巨角，一足前屈。一頭向前，張口，鈎喙，目字形眼，短角；另一頭向下，蛇頭，作俯視相，雙目。此種僅見于偶方彝的圈足上。

其四，變异型，數量不多，無規範的程式，主要爲塡補空隙而設。如龍頭圈足觥流側與蓋面的變异夔龍即是一例。

3、幾何形紋：張孝光先生總結幾何形紋的特點爲：『是以最單純的點、線及圓形、方形、三角形等爲基本要素，按照美的法則構成的圖案』⑤。這類圖案在婦好墓銅器上普遍存在，大多用作地紋或邊飾，極少數用作主紋。

幾何形紋樣相當豐富，常見的有雲紋、雷紋、目雷紋、弦紋、火紋，三角形紋、斜角雷

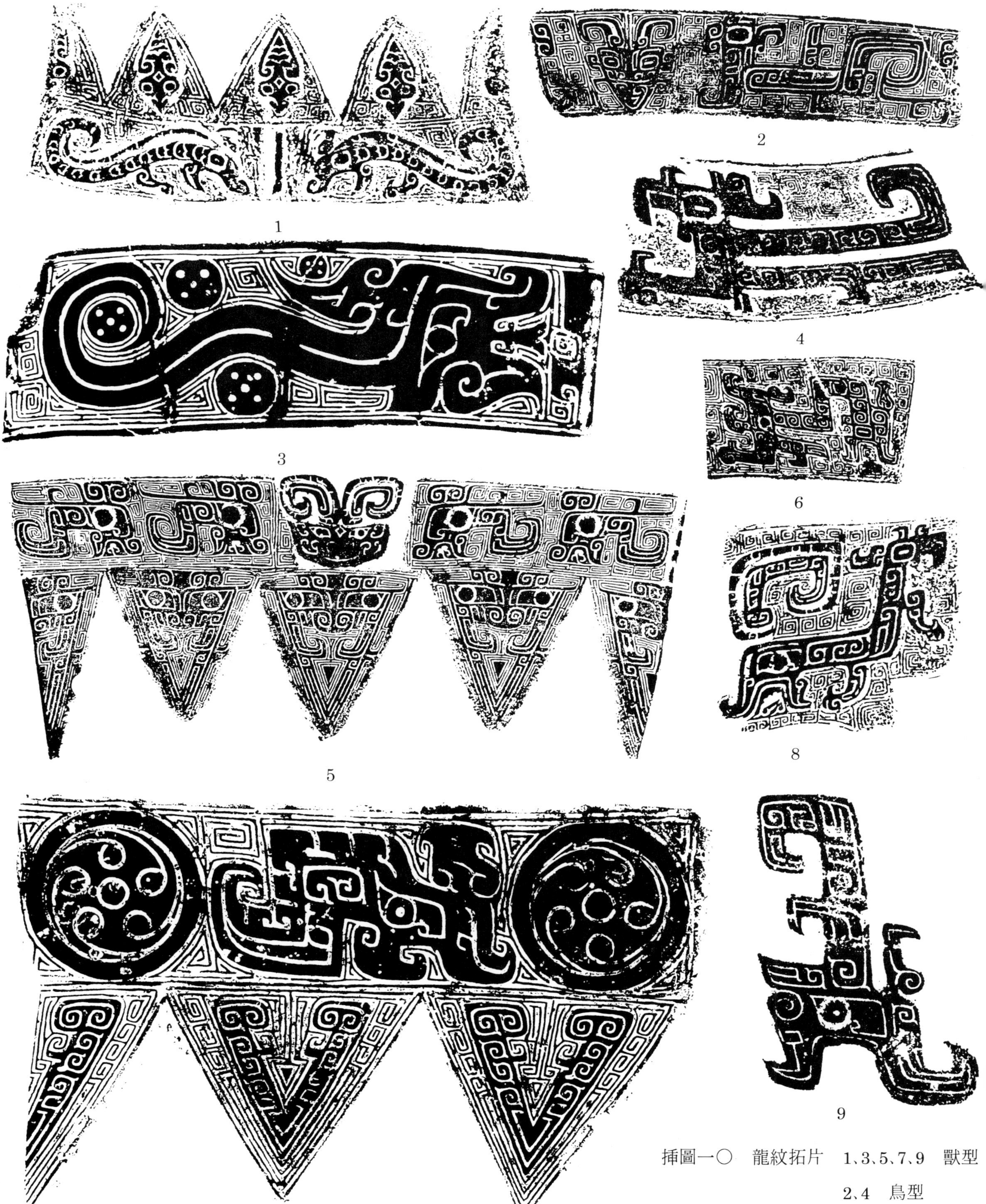

插圖一〇　龍紋拓片　1、3、5、7、9　獸型

2、4　鳥型

6、8　雙頭型

紋、斜方格雷紋乳釘紋、菱形紋、鱗紋、人字形紋、波浪形紋、乳釘紋、葉脈紋、四瓣花紋、蛛網形紋、蕉葉紋、獸面蕉葉紋，還有獸面三角形紋等等。一般說來，獸面三角形紋、獸面蕉葉紋、四瓣花紋、葉脈紋等在早于婦好墓時期的銅器中較罕見，有可能是武丁時期的新作。下面列舉四種複合三角紋。

其一，獸面三角形紋：獸爲目字形眼，卷雲角，大鼻頭，三角形的尖端向下（插圖一一，1）。很少見。

其二，獸面蕉葉紋：獸爲方形目，細眉，頭上豎一對大角。圖案比較諧調。

其三，對龍蕉葉紋：兩龍對稱，呈倒立狀，張口，方形目，鈎狀角，有短足，尾尖內卷，龍口以下延長成蕉葉狀（插圖一一，2）；有的兩龍有身無角，較特殊。

其四，對龍三角形紋：兩龍面部相對，張口，方形目，細眉，鈍角上豎，一足。有利爪。兩龍的下部合成三角形（插圖一一，3）。很少見。

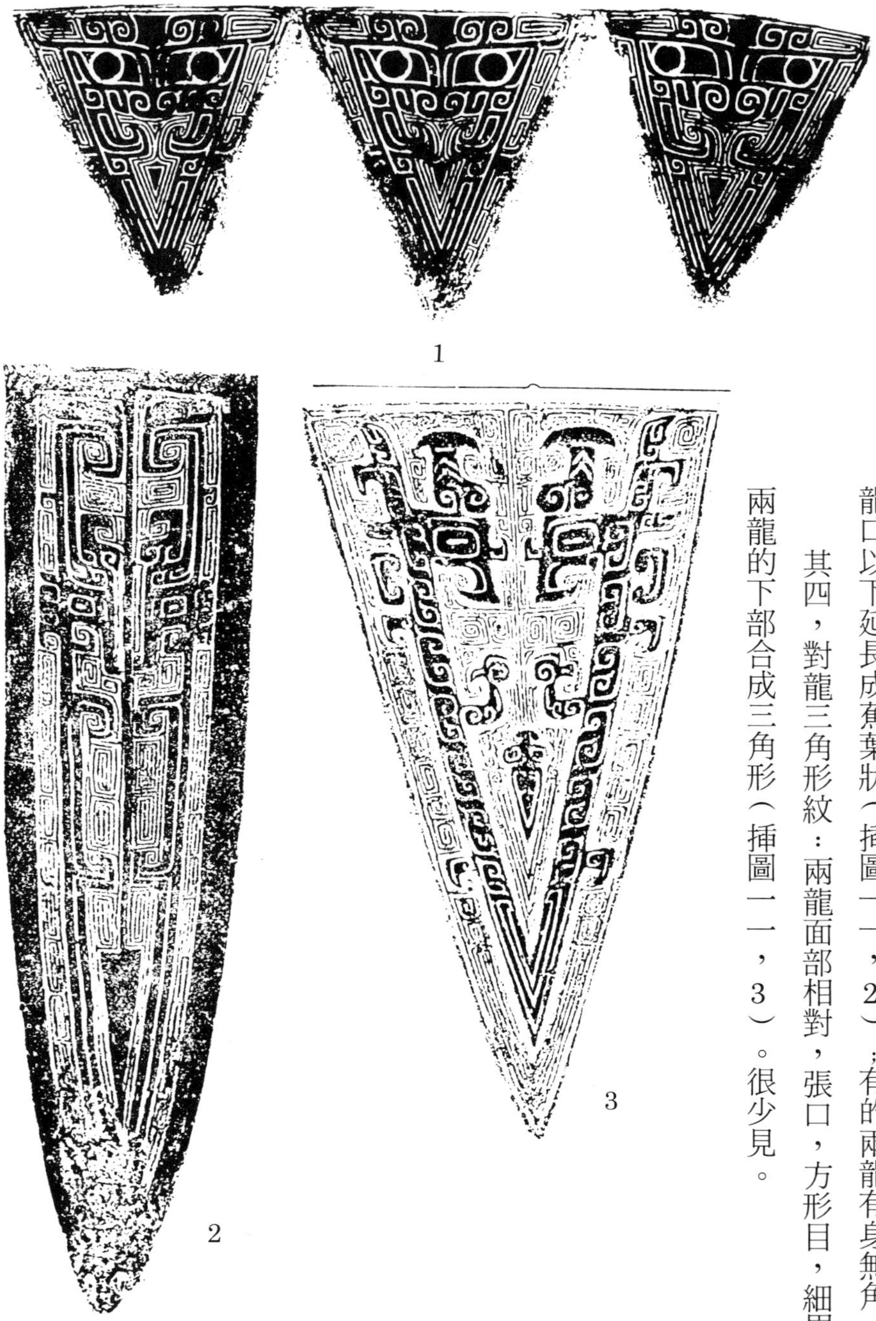

插圖一一　三角形紋拓片　1　獸面三角形紋
2　對龍蕉葉紋
3　對龍三角形紋

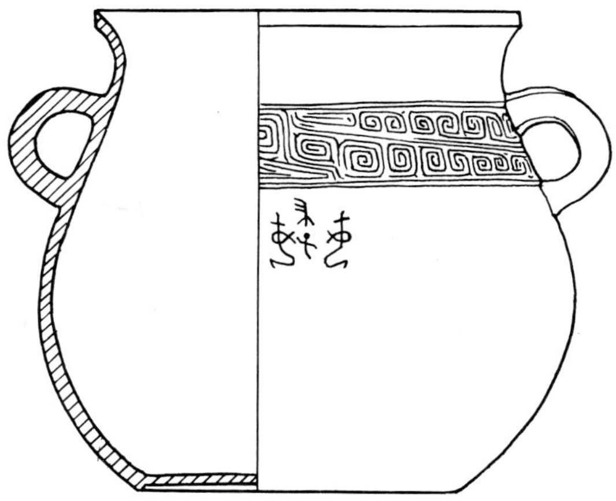
插圖一二　婦好罐

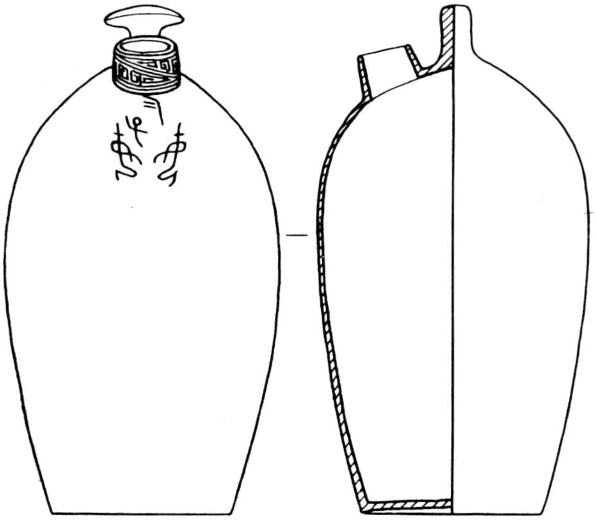
插圖一三　婦好盉

（三）銘文的裝飾性。婦好墓銅禮器上大部分都鑄有銘文，少數樂器、武器上也鑄有銘文，銘文的位置多在器之內壁、鋬下等比較隱蔽的地方，這和商周銅器無甚區別。然而，少數銅器的銘文却鑄在壁面顯露部位，像是經過精心設計的，例如：

婦好罐腹外壁中部有『婦好』二字，與銘文之上的一周斜角雷紋相對應，藝術效果頗佳（插圖一二）。

婦好圓肩平底盉的『婦好』二字，位于一面的肩部，與流口上的斜角雲紋相呼應，自然諧調，有較強的裝飾作用（插圖一三）。

婦好箕形器的柄部飾精緻的獸面紋，而獸面雙角之間有一『婦』字，獸口之下有一『好』字。二字拆開放置，與獸面緊密結合，手法相當巧妙，在商代銅器中極少見。

（四）鏤空和鑲嵌藝術。婦好墓銅禮器圈足上都有十字形或方形鏤空，這是銅器鑄造過程中自然形成的，大多算不上裝飾。但六件婦好鏤空觚却是有意而爲。這六件觚圈足上各有六個作順向排列的鏤空异形龍紋，轉折盤曲，造型優美，有學者認爲：『紋樣輪廓線透空，富有一種玲瓏精緻的美，顯得輕巧。』⑥，其說中肯。

鑲嵌工藝在二里頭文化時期已很出色，它利用色彩美來增強銅器的裝飾效果。殷墟青銅器和象牙器上的松石鑲嵌工藝都是在此基礎上發展起來的。

婦好墓出土的少數銅戈（插圖一四）、玉援銅內戈、弓形器、銅虎和象牙杯都有精緻的松石鑲嵌裝飾。據觀察，戈、銅虎都是在鑄造時預先規劃出紋樣的輪廓邊框，然後將切割成形或碎小的綠松石片按設計要求鑲入框內，技藝之精，令人驚嘆。

三

婦好墓青銅器，尤其是那些造型優美、紋樣綺麗的禮器，充分體現了武丁一代在鑄造工藝等方面的高度成就，反映出這一時期的科學技術和文化藝術已達到較高水平。

就銅器的裝飾藝術而言，此墓所出的禮器在商代稱得上是第一流的。它不僅表現在複層花

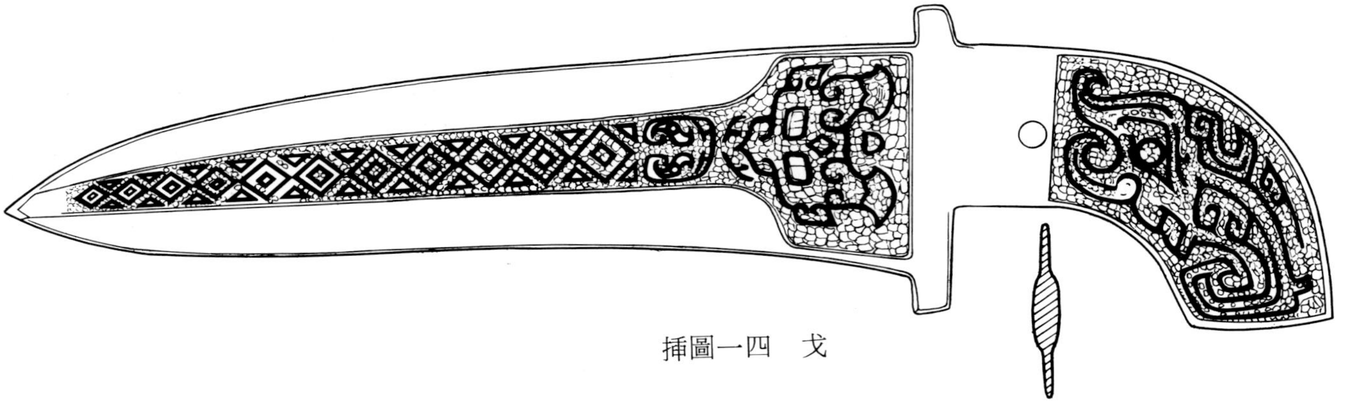
插圖一四　戈

的普遍運用，新紋樣的不斷涌現，獸頭與花紋、花紋與花紋之間的巧妙搭配方面，從而使一件滿花的禮器富麗典雅，呈現出王家氣派，而且還表現在形制與紋飾的有機結合方面。如一對婦好圈足觥，蓋的前端爲一虎頭，張口露齒，氣勢凶猛；後端爲一鴞面，雙目圓睜。器身前部與虎頭相配合，飾虎的前、後肢與長尾；後部則飾以鴞的雙翅和足。器、蓋相合後，前端猶如一隻蹲坐狀的猛虎，後端則爲一隻站立狀的鴟鴞（插圖一五，見二二頁插圖一二）。這種融裝飾藝術于造型之中的作品，武丁以前未見，應是此期的創新之作。

如上所述，在婦好墓青銅器諸多的裝飾紋樣中，獸面紋、龍紋最爲常見，這種情況，應是商代傳統信仰與觀念的反映，人們或許把它們當作能溝通天地的神物來加以崇拜。寫實動物中的虎、鴞在早于武丁時期的銅器飾紋中極少發現，推測這兩種動物紋可能是此期紋樣的一項重要發展。至于幾何紋樣中的對龍蕉葉紋、獸面三角形紋、四瓣花紋等等，也都是此期新出現的紋樣，與其他幾何形紋一樣，主要用作裝飾，無其他含義。

附注

①中國社會科學院考古研究所安陽工作隊：《安陽小屯村北的兩座殷代墓》，《考古學報》一九八一年四期。

②張光直：《中國青銅時代》，三聯書店，一九八三年。

③張光直、李光謨：《李濟考古學論文選集》，文物出版社，一九九〇年。

④同②。

⑤中國社會科學院考古研究所：《殷墟青銅器》，文物出版社，一九八五年。

⑥同⑤。

圖版

一　獸面紋鼎　商代晚期

二　蟬紋鼎　商代晚期

三　獸面紋鼎　商代晚期

四、五　婦好鼎　商代晚期

六　妇好鼎　商代晚期

七　妇好鼎　商代晚期

九　火紋鼎　商代晚期

八　亞弜鼎　商代晚期

一〇　獸面紋鼎　商代晚期

一一　獸面紋鼎　商代晚期

一二　三角龍紋鼎　商代晚期

一三　敎象鼎　商代晚期

一五　温鼎　商代晚期

一四　帶蓋鼎　商代晚期

一七　蟬紋鼎　商代晚期

一六　共鼎　商代晚期

一八　乳釘雷紋鼎　商代晚期

一九　獸面紋鼎　商代晚期

二〇　亞址鼎　商代晚期

二一　⼊己鼎　商代晚期

二二　亞盥鼎　商代晚期

二三　□簸鼎　商代晚期

二四　妥鼎　商代晚期

二五　父乙鼎　商代晚期

二六　告宁鼎　商代晚期

二七　鳥母𩵋鼎　商代晚期

二九　劉鼎　商代晚期

二八　戍嗣子鼎　商代晚

三〇　獸面紋鼎　商代晚期

三一　𠁁鼎　商代晚期

三二　𦍌鼎　商代晚期

三三　射女鼎　商代晚期

三四　獸面紋鼎　商代晚期

三五　亞舟鼎　商代晚期

三六　三角蟬紋鼎　商代晚期

三七　鳶鼎　商代晚期

三八　⿱鄉子鼎　商代晚期

三九　司母辛方鼎　商代晚期

四〇　婦好方鼎　商代晚期

四一　牛方鼎　商代晚期

四二　鹿方鼎　商代晚期

四三　子韋方鼎　商代晚期

四四　亞址方鼎　商代晚期

四五　獸面紋方鼎　商代晚期

四六　乳釘紋方鼎　商代晚期

四七　后母戊方鼎　商代晚期

四八　父戊方鼎　商代晚期

四九　父己方鼎　商代晚期

五〇　妥方鼎　商代晚期

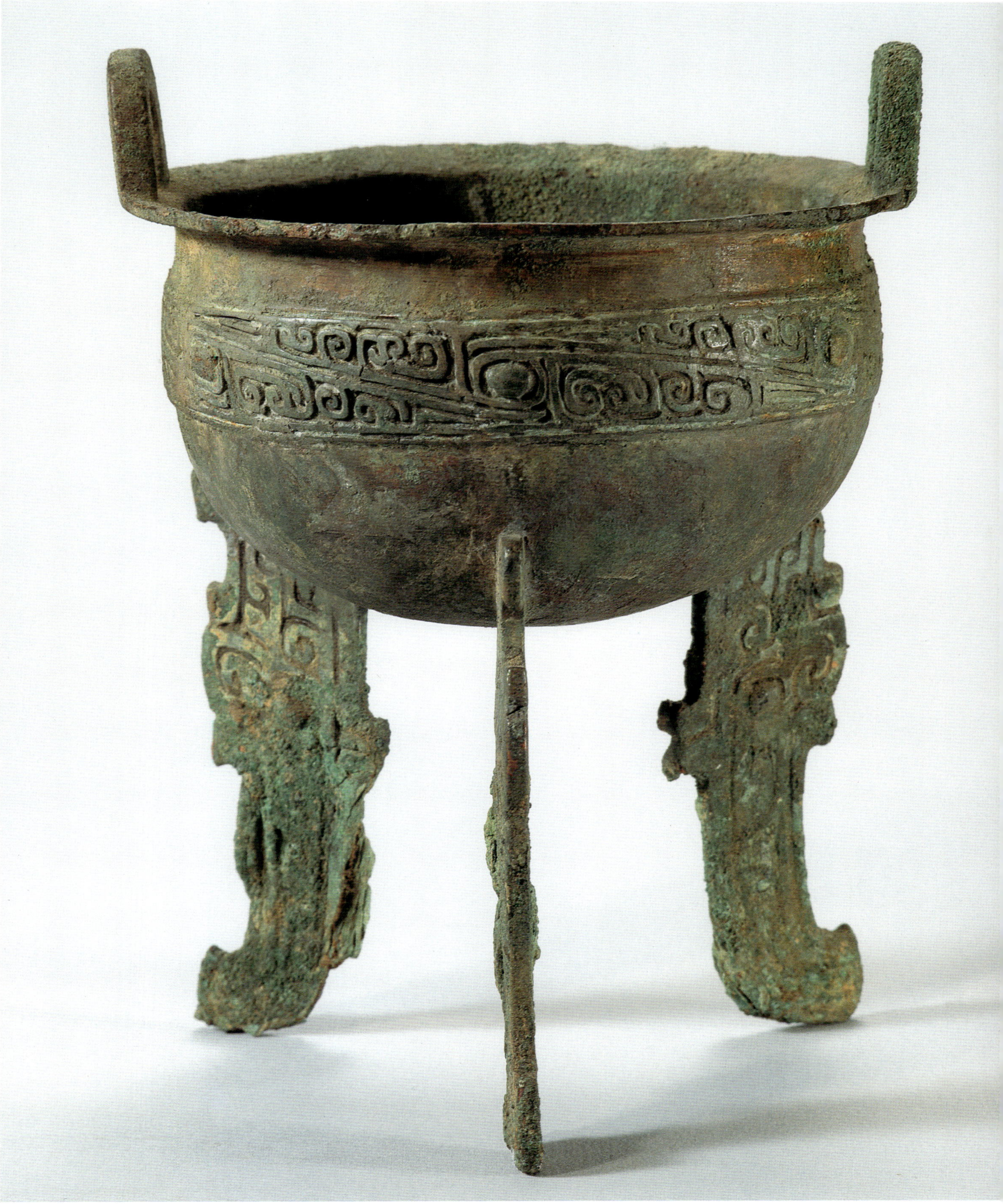

五二　斜角雲雷紋鼎　商代晚期

五一　獸面紋鼎　商代晚期

五三　婦好鼎　商代晚期

五四　疋未鼎　商代晚期

五五　父乙鼎　商代晚期

五六　龍紋鼎　商代晚期

五七　父庚鼎　商代晚期

五八　亞𡨦鼎　商代晚期

五九　亞魚鼎　商代晚期

六〇　京鼎　商代晚期

六一　亞鼎鼎　商代晚期

六二　獸面紋鼎　商代晚期

六四　亞㚔鼎　商代晚期

六三　獸面紋鼎　商代晚期

六五、六六　亞址卣形器　商代晚期

六七、六八　作册兄鬲　商代晚期

六九　父丁鬲　商代晚期

七〇　獸面紋鬲　商代晚期

七一　獸面紋鬲　商代晚期

七二　獸面紋鬲　商代晚期

七三　龍紋甗　商代晚期

七四　**𠯁**甗　商代晚期

七五　好甗　商代晚期

七六　婦好分體甗　商代晚期

七七、七八　婦好三聯甗　商代晚期

九　獸面紋甗　商代晚期

八〇、八一　獸面紋釜　商代晚期

八二　好甗形器　商代晚期

八三　北單簋　商代晚期

八四　乳釘紋簋　商代晚期

八五　㠱侯簋　商代晚期

八六　寢出簋　商代晚期

八七　見簋　商代晚期

八八　亞盥簋　商代晚期

八九　𠭯簋　商代晚期

九〇　獸面紋簋　商代晚期

九一　黃簋　商代晚期

九二　車簋　商代晚期

九三　子庚簋　商代晚期

九五　鳥紋簋　商代晚期

九四　奞簋　商代晚期

九六　妥簋　商代晚期

九七　鳥𩡶簋　商代晚期

九八　寢魚簋　商代晚期

九九　母己簋　商代晚期

一〇〇　獸面紋簋　商代晚期

一〇二　弦紋豆　商代晚期

一〇一　肄簋　商代晚期

一〇三　獸面紋觚　商代晚期

一〇四　獸面紋觚　商代晚期

一〇五　婦好觚　商代晚期

一〇六　伐觚　商代晚期

一〇七　獸面紋觚　商代晚期

一〇八　[illegible]觚　商代晚期

一〇九　ㄑ觚　商代晚期

一一〇　[illegible]觚　商代晚期

一一一　告宁觚　商代晚期

一一二　亞盥觚　商代晚期

一一三　獸面紋觚　商代晚期

一一五　父甲觚　商代晚期

一一四　戉馬觚　商代晚期

一一六、一一七　父己觚　商代晚期

一一八　祖己觚　商代晚期

一一九　宁觚　商代晚期

一二〇　宁觚　商代晚期

一二一　己父觚　商代晚期

一二三　工觚　商代晚期

一二二　[illegible]觚　商代晚期

一二四　龔子觚　商代晚期

一二五　黄觚　商代晚期

一二六　婦觚　商代晚期

一二七　亞址方觚　商代晚期

一二八　□□方觚　商代晚期

一二九　獸面紋觶　商代晚期

一三一　直棱紋觶　商代晚期

一三〇　亞址觶　商代晚期

一三三　戈觶　商代晚期

一三二　母乙觶　商代晚期

一三四　子乙觶　商代晚期

一三五　獸面紋觶　商代晚期

一三六　父乙觶　商代晚期

一三七　獸面紋觶　商代晚期

一三八　父己觶　商代晚期

一三九　鴞紋觶　商代晚

一四〇　弜觶　商代晚期

圖版説明

一　獸面紋鼎

商代晚期

通高二〇・六、口徑一五・一至一五・八厘米

一九三六年河南安陽小屯二三二號墓出土

台北中央研究院歷史語言研究所藏

敞口，折沿，深腹圜底，口上一對立耳，三錐狀空足。口下飾一周獸面紋，上下各有一條弦紋。

本圖由台北中央研究院歷史語言研究所供稿

二　蟬紋鼎

商代晚期

通高一八・四、口徑一六厘米

一九五九年河南安陽武官一號墓出土

中國社會科學院考古研究所藏

直耳，折沿方唇，深腹圜底，三足較短，上粗下細，介于錐形與圓柱形之間。口沿下飾頭尾相接的蟬紋帶一周，蟬作伏狀，共一二個，蟬體呈黑色，雲雷紋襯地。

三　獸面紋鼎

商代晚期
通高二二·五、口徑一九·五厘米
一九七六年河南安陽小屯五號墓出土
中國社會科學院考古研究所藏

直耳，折沿方唇，圓腹圜底，圓柱形實心足，腹部無扉棱。口部有裂痕。腹飾獸面紋三組，獸口向下，耳兩側出身尾，短足外屈，尾下垂。以雷紋爲地。足上端飾一周雲紋，下接三角紋三個。

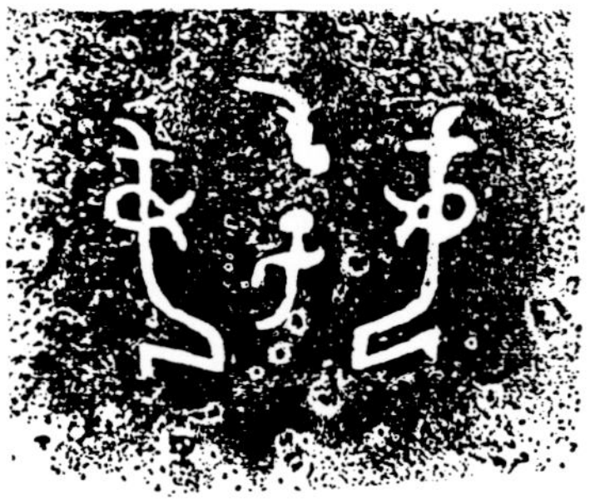

四、五　婦好鼎

商代晚期
通高二九·五、口徑二五厘米
一九七六年河南安陽小屯五號墓出土
中國社會科學院考古研究所藏

直耳，折沿方唇，圓腹圜底，圓柱形實心足，腹部有扉棱六條，飾獸面紋與龍紋各三組，兩者相互間隔。獸口向下，以扉棱作鼻梁，咧口巨角；龍紋與鼎足相對應，每組兩龍，頭相對，頭後有鈍角，身尾較短，作站立狀。均以雷紋爲地。腹下部飾蟬紋一八個，蟬頭向上，外框三角形紋，填以雷紋。足上端飾雲紋一周，下接三角形紋三個。口下內壁有銘文二字。

六 婦好鼎

商代晚期
通高二九・四、口徑二五・三厘米
一九七六年河南安陽小屯五號墓出土
中國社會科學院考古研究所藏

立耳，三柱足，腹部有扉棱六條，飾獸面紋與龍紋各三組，兩者相互間隔。獸面以扉棱作鼻梁，龍頭相對，長尾上卷，形狀較异。均以雷紋爲地。腹下部飾三角形紋一八個，足上端飾雲紋一周，接飾三角形紋三個。口下內壁有銘文二字。

七 婦好鼎

商代晚期
通高一二、口徑一〇・三厘米
一九七六年河南安陽小屯五號墓出土
中國社會科學院考古研究所藏

折沿方唇，弧形小耳，圓腹圜底，圓柱形實心足。口下有三條細棱，飾獸面紋三組，口向下，以細棱作鼻梁，方形目，雲紋角，面部兩側分列有以雲紋構成的身尾。腹下部飾三角形紋一五個，繞器一周。口下內壁有銘文二字。

八　亞弜鼎

商代晚期

通高七二·二、口徑五四·五厘米

一九七六年河南安陽小屯五號墓出土

中國社會科學院考古研究所藏

侈口方唇，沿面較寬，略向內傾，直耳，深腹圜底，三足較短，略呈錐形，空心足。口下飾獸面紋六組，以扉棱作鼻梁，獸口向下，方形目，雲形眉，以雲紋構成身尾。三足上端均飾獸面紋。口沿上有銘文二字，銘文與一足相對應。

九　火紋鼎

商代晚期

通高二五·七、口徑二一·四厘米

一九七七年河南安陽小屯一八號墓出土

中國社會科學院考古研究所藏

直耳，折沿方唇，圓腹圜底，口沿下飾帶狀紋一周，由圓形火紋和相間隔的四瓣花紋各九個組成，紋樣突起。三足外側與底部留有鑄縫，腹部鑄縫已磨平。據鑄縫可知是用三塊外範、一塊底範和一塊內範鑄成。

一〇　獸面紋鼎

商代晚期

通高一八・七、口徑一六・五厘米

一九八〇年河南安陽大司空南五三九號墓出土

中國社會科學院考古研究所藏

盆式圓鼎。直口，沿上有兩立耳。腹微鼓，圜底，三柱形足。頸部飾以雲雷紋爲地紋的獸面紋，腹部飾倒三角紋。

一一　獸面紋鼎

商代晚期

通高二四、口徑一九・五厘米

一九八三年河南安陽大司空南六六三號墓出土

中國社會科學院考古研究所藏

方唇，侈口，口沿上有雙立耳，直腹微鼓，圜底，三圓柱形足。腹飾三組獸面紋，六條扉棱爲鼻及間隔，雲雷紋爲地紋，足部上端飾一周雲雷紋，下飾三個三角蟬紋。

（徐廣德）

一二　三角龍紋鼎

商代晚期

通高一九・三、口徑一五・六厘米

一九八六年河南安陽大司空南二九號墓出土

中國社會科學院考古研究所藏

盆式鼎。方唇，口沿上兩立耳，淺腹，圜底，三柱足。頸部飾一周圓形火紋，共一二個，其間飾以龍紋，以雲雷紋爲地紋。腹部飾一六個三角形紋。

（谷　飛）

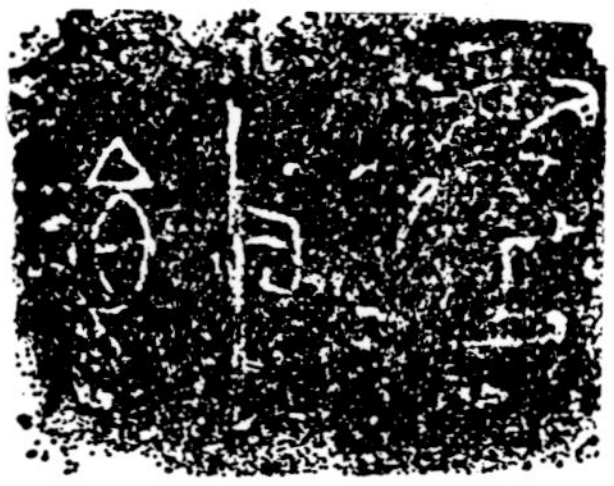

一三　⿰幸攴象鼎

商代晚期

通高二六・五、口徑二二厘米

一九八三年河南安陽薛家莊東南三號墓出土

中國社會科學院考古研究所藏

盆式鼎。直口微斂，口沿有二立耳，圓腹，圜底，三圓柱形足。頸部有一周帶狀紋，上飾獸面紋及與其相間的八個圓形火紋，雲雷紋爲地紋。腹部飾三角雲雷紋一八個。足飾帶狀雲雷紋及三角形雲雷紋。器底有銘文二字。

（徐廣德）

一四　帶蓋鼎

商代晚期

通高六四、口徑三八・三厘米

一九七六年河南安陽武官北地二三九號墓出土

中國社會科學院考古研究所藏

有蓋，蓋上有半環形鈕，蓋一側有一缺口，另一側有兩缺口，用以嵌在立耳內。鼎身侈口，口上有雙立耳，束頸，鼓腹下垂，三柱足。通體素面，頸部有簡化獸面紋三組。

一五　温鼎

商代晚期

通高六七・六、口徑三八・三厘米

一九三五年河南安陽武官北地一四三五號墓出土

台北中央研究院歷史語言研究所藏

侈口，束頸，深腹圜底，口上雙立耳，三圓柱形空足。頸部飾一周龍紋，腹部飾三角紋，足上部飾三角紋和雲雷紋。器內底有銘文一字。

本圖由台北中央研究院歷史語言研究所供稿

一六　共鼎

商代晚期

通高二四、口徑一九・五厘米

一九六九年河南安陽孝民屯南九〇七號墓出土

中國社會科學院考古研究所藏

盆式鼎，侈口，口上有兩立耳，腹微鼓，圜底，三柱足。腹飾獸面紋，扉棱爲鼻，雲雷紋爲地紋。足飾三角紋，內爲卷雲紋。腹內有一銘文，但只有半個字。

一七　蟬紋鼎

商代晚期

通高二三・五、口徑一七・五厘米

一九八二年河南安陽孝民屯南八七五號墓出土

中國社會科學院考古研究所藏

侈口，束頸，鼓腹，圜底，雙立耳，三柱形足。頸飾由龍紋組成的獸面紋三對，雲雷紋爲地紋，扉棱爲鼻。腹部飾三角蟬紋。足飾勾連雷紋及三角形火紋。

一八　乳釘雷紋鼎

商代晚期
通高二〇、口徑一六·四厘米
一九七〇年河南安陽孝民屯南一一二五號墓出土
中國社會科學院考古研究所藏

大口，圓鼓腹，圜底，口沿雙立耳，三柱足。頸飾龍紋組成的獸面紋三對，腹飾乳釘雷紋，足飾陰線三角卷雲紋。

一九　獸面紋鼎

商代晚期
通高二二·六、口徑一八·九厘米
一九八六年河南安陽郭家莊西一號墓出土
中國社會科學院考古研究所藏

盆式鼎。侈口，深腹稍外鼓，圜底，口沿上有雙立耳，三柱形足。滿腹飾三組以雲雷紋爲地紋的獸面紋，由六條扉棱隔開。

二〇 亞址鼎

商代晚期

通高五五、口徑四一厘米

一九九〇年河南安陽郭家莊西一六〇號墓出土

中國社會科學院考古研究所藏

大口，方唇，口上有二綯索形耳，深腹外鼓，圜底，三馬蹄足，足上部中空。頸部有紋帶一周，爲龍紋組成的獸面紋三對，以扉棱爲鼻，雲雷紋爲地紋。三足上部飾以雲雷紋爲地紋的獸面紋，足中部爲三周凸弦紋。口內壁有銘文，亞字框內一字。

二一 入己鼎

商代晚期

通高三六·八、口徑二八·五厘米

一九九二年河南安陽苗圃南地四七號墓出土

河南省安陽市文物工作隊藏

斂口，斜沿方唇，兩耳內傾，深腹。腹中部外鼓，圜底，三柱足，中部稍細。腹部通飾扉棱六條，其間紋飾分上、下兩層，上層飾由四龍兩兩相對的獸面紋三組，下層飾大型龍紋組成的獸面紋三組。主紋浮于雲雷地紋之上，主紋上又有相應的陰線。足中部飾凸起的獸面紋，均以扉棱爲鼻。兩耳間內壁一側鑄銘文二字。

（孟憲武）

二二　亞盥鼎

商代晚期
通高二〇、口徑一六厘米
一九六三年河南安陽苗圃北地一七二號墓出土
中國社會科學院考古研究所藏

盆式鼎。深腹，圜底。口沿上有兩立耳，三圓柱形足。頸部飾紋帶一周，上有獸面紋三對，以雲雷紋爲地紋。口沿下內壁有銘文二字。

二三　子能鼎

商代晚期
通高一六・八、口徑一三・一厘米
一九八五年河南安陽梯家口西三號墓出土
河南省安陽市文物工作隊藏

直耳，圓口方唇，沿面內傾，圓腹，圜底，柱足較矮。口下飾雲雷紋襯地的獸面紋。腹部飾菱形方格紋襯地的百乳雷紋。腹內壁一側有銘文二字。

（孟憲武）

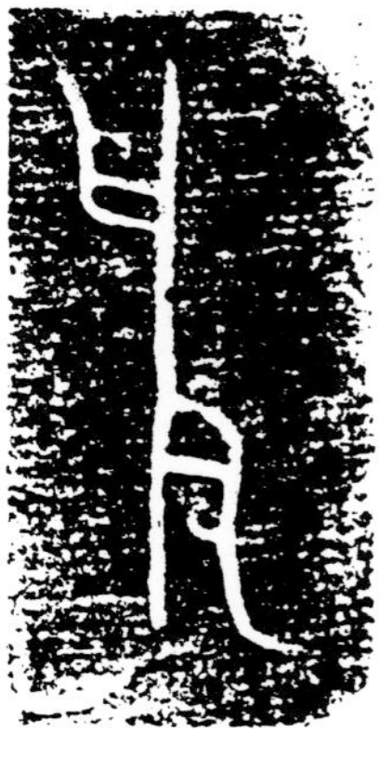

二四　爰鼎

商代晚期

通高二一、口徑一五·四厘米

一九八四年河南安陽戚家莊東二六九號墓出土

河南省安陽市文物工作隊藏

直耳，斂口，方唇，沿面內傾，圓腹近直，圜底，三柱足較高，上部中空。腹部有扉棱六條，飾獸面紋三組，雲雷紋襯地。口內壁一側鑄銘文一字。

（孟憲武）

二五　父乙鼎

商代晚期

通高一九、口徑一四·八厘米

一九七五年河南安陽孝民屯南二八四號墓出土

中國社會科學院考古研究所藏

直口，鼓腹，圜底。口上有雙立耳，馬蹄形足。頸部有由龍紋組成的獸面紋一周，以雲雷紋爲地紋。腹內壁有銘文三字。

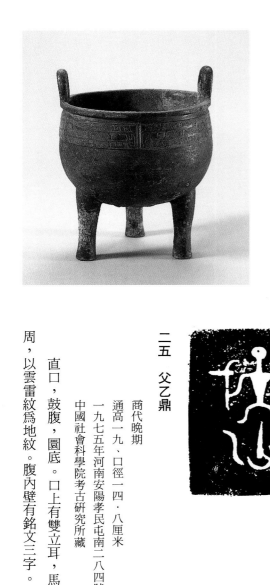

二六　告宁鼎

商代晚期

通高一九・八、口徑一六厘米

一九七〇年河南安陽孝民屯南一一一八號墓出土

中國社會科學院考古研究所藏

侈口，口上有雙立耳，腹外鼓，圜底，三柱足。頸部飾蟬紋一周，內塡以雲雷紋，腹飾乳釘雷紋。腹內壁有銘文二字。

二七　鳥母寇鼎

商代晚期

通高一五・七、口徑一三厘米

一九八七年河南安陽郭家莊東南一號墓出土

中國社會科學院考古研究所藏

盆式鼎。平沿，腹稍鼓，圜底，口沿上有雙立耳，三柱形足。頸有紋帶一周，內有七個等距離的圓形火紋，其間則爲以雲雷紋爲地紋的龍紋。腹內壁有銘文四字。

二八　戍嗣子鼎

商代晚期

通高四八、口徑三九·五厘米

一九五九年河南安陽高樓莊後岡圓形祭祀坑出土

中國社會科學院考古研究所藏

折沿方唇，口部一面破裂，兩耳微外侈，斂頸，腹下部微鼓，圜底，馬蹄形半空足。口下有六條扉棱，足上端外側也有一條扉棱。口下飾獸面紋六組，獸咧口露牙，由對稱的龍紋構成，以雲雷紋爲地。足上端均飾獸面紋和四周弦紋。腹外壁有三條鑄縫，底部的鑄縫呈三角形。腹內壁有銘文三行三〇字，記錄了國王對作鼎者的賞賜等內容。

二九　劉鼎

商代晚期

高二二・九、口徑一八・四厘米

上海博物館藏

立耳，方唇，直腹，圜底，柱足。腹部滿飾獸面紋三組，并以極規整的雷紋作地紋。每組紋飾中獸面紋的兩個大外卷角占據了很大的位置，獸雙目圓睜，獸口怒張，獠牙交錯，兩爪前伸，軀體上揚。這種突出獸類顏面形象，而簡略其軀體的裝飾手法，極其傳神地表現出此類宗教性裝飾的威嚴、獰厲之美。腹內壁鑄一個鉞斬人首形字，據研究此爲『劉』字之本字，在此爲器主的族氏之名。（周　亞）

三〇　獸面紋鼎

商代晚期

高一六・四、口徑一三・四厘米

上海博物館藏

立耳較薄，柱足稍細，但直腹較深，使整器造型仍不失穩重之感。口沿下飾獸面紋，腹飾三角雷紋，紋飾精緻典雅。（周　亞）

三一　□鼎

商代晚期

高一九·三、口徑一五·七厘米

上海博物館藏

立耳厚實，方唇，口微斂，柱足。口沿下飾相間隔的火紋與龍紋，腹飾三角形蟬紋，均以雷紋爲地紋。腹底鑄族氏徽號。

（周　亞）

三二　□鼎

商代晚期

高二二·七、口徑一七·八厘米

上海博物館藏

立耳、侈口、束頸、鼓腹，三柱足。頸飾兩個一組的回顧式鳥紋，腹飾雙角巨大、軀體上卷的獸面紋。該鼎紋飾主紋突出，輔以細密的雷紋爲地，形成對比，表現出豐富的層次感，具有良好的立體效果。鼎內底鑄銘文一字，應爲器主之族徽，此族氏曾見于小屯出土的甲骨刻辭。

（周　亞）

三三　射女鼎

商代晚期

高二五・一、口徑二〇・七厘米

上海博物館藏

立耳，折沿，直壁深腹，圜底，下接三柱足。口沿下飾一周獸面紋，在獸面紋兩側，各置一個相背的龍紋，下飾蟬紋一周。此鼎裝飾主紋突出，地紋規整，層次分明，立體感較強。腹內壁鑄銘文兩字。

（周　亞）

三四　獸面紋鼎

商代晚期

高二〇・二、口徑一六厘米

上海博物館藏

立耳較小，直壁深腹，柱足。口沿下飾龍紋一周，腹飾獸面紋。紋飾除雙目外都爲平雕，但由于以繁密的雷紋作地紋，所以紋飾虛實相間，主題突出。

（周　亞）

三五　亞舟鼎

商代晚期
通高三五・四、口徑二八・二厘米
傳河南安陽出土
美國弗利爾美術館藏

敞口，鼓腹，圜底，雙立耳，三柱足。口下飾一周獸面紋，腹飾三角蟬紋，三足飾雲雷紋和三角紋。器內有銘文二字。

本圖由美國弗利爾美術館供稿

三六　三角蟬紋鼎

商代晚期
通高二三・一厘米
傳河南安陽出土
美國賽克勒美術館藏

敞口，口上一對立耳，束頸，鼓腹，三圓柱形實足。口下飾一周鳥紋，腹飾一周三角蟬紋，雙耳外壁有對龍紋，足飾雲雷紋和三角形紋。

本圖由美國賽克勒美術館供稿

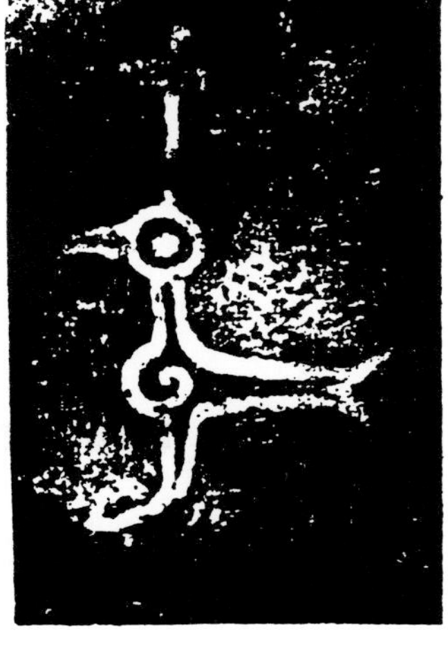

三七　鳶鼎

商代晚期

通高二四·二、口徑二〇·三厘米

傳河南安陽出土

美國哈佛大學藝術博物館藏

敞口，口上一對立耳，直腹而深，圜底，三圓柱形實足。腹部有六條扉稜，口下一周鳥紋，腹飾三組獸面紋，足飾三角形紋。器內有銘文一字。

本圖由美國哈佛大學藝術博物館供稿

三八　舉鼎

商代晚期

通高二九·五厘米

傳河南安陽出土

美國舊金山亞洲藝術博物館藏

敞口，口上一對立耳，深腹，圜底，三圓柱形實足。口下一周蟬紋，腹飾方格乳釘紋，足飾三角蟬紋。器內壁有銘文一字。

本圖由美國舊金山亞洲藝術博物館供稿

三九　司母辛方鼎

商代晚期

通高八〇·一、口長六四、寬四八、足高三一厘米

一九七六年河南安陽小屯五號墓出土

中國社會科學院考古研究所藏

口呈長方形，短沿方唇，兩耳立于短邊口沿上，腹壁較直，下部略內收，平底，圓柱形透底空心足，足孔深二八厘米。體四角各有一條扉棱，四足上端外側也有扉棱，與四角的扉棱呈一直線。口下四面及四轉角各飾一獸面紋，以扉棱作鼻梁，獸口向下，眉目清晰，體較長，尾上翹，尾尖下卷，短足內屈，有爪。雷紋襯地。腹左、右側和下側分別飾以排列規整的乳釘紋三排，乳釘浮出器面。四足上端都飾獸面紋，獸口向下，目字形眼，細眉巨角，紋樣浮出，極爲醒目。口下長邊一面內壁中部有銘文三字。

四〇　婦好方鼎

商代晚期

通高四二·四、口長三三·三、寬二五·一厘米

一九七六年河南安陽小屯五號墓出土

中國社會科學院考古研究所藏

口部呈長方形，直耳，折沿方唇，腹較淺，下部略內收，平底，四條扁長龍形足。四面中部及四角各有一條扉棱。腹部四面均飾獸面紋，以扉棱作鼻梁，口向下，頭有巨角；在獸面兩側各飾一條倒立的龍紋，足兩面均飾以龍紋，龍頭向上，長身下垂，尾尖略上翹，身尾飾鱗紋。均以雷紋襯地。兩耳外側各飾對稱的陰線龍紋，龍頭向上，線條簡練。內底中部有銘文二字，字體較大。

四一　牛方鼎

商代晚期

通高七三・二、口長六四・四、寬四五・六厘米

一九三五年河南安陽武官北地一〇〇四號墓出土

台北中央研究院歷史語言研究所藏

長方形，深腹平底，口上兩側一對立耳，四圓柱形空足。器四角及四壁中央有扉棱。口下飾一周龍紋，四壁中央爲牛角獸面紋，兩側有立鳥，四足飾獸面紋和三角紋，雙耳外側飾獸面紋。器內底有一象形文字。

本圖由台北中央研究院歷史語言研究所供稿

四二　鹿方鼎

商代晚期

通高六〇・八、口長五一、寬三八厘米

一九三五年河南安陽武官北地一〇〇四號墓出土

台北中央研究院歷史語言研究所藏

長方形，深腹平底，口上兩側一對立耳，四圓柱形空足。四角及四壁中央有扉棱。四壁的口下及底邊各飾一周龍紋，中央爲一帶角的鹿頭，兩側有鳥獸紋，四足上部飾鹿頭紋及三角紋，雙耳外側飾龍紋。器內底有一象形文字。

本圖由台北中央研究院歷史語言研究所供稿

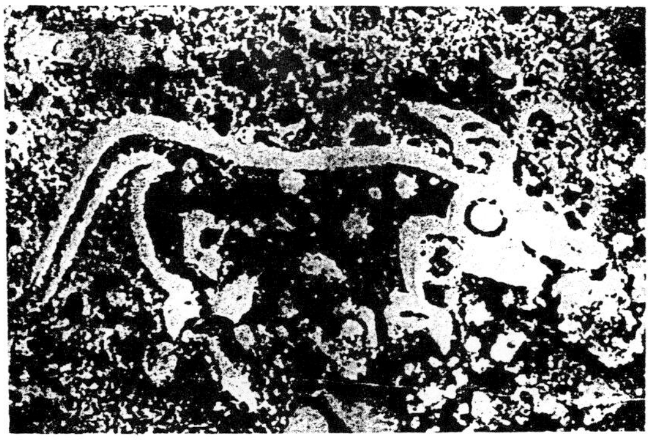

四三　子韋方鼎

商代晚期

通高二五・三、口長一九・八、寬一六・七厘米

一九七九年河南安陽孝民屯南二五〇八號墓出土

中國社會科學院考古研究所藏

長方形口，口上有一對立耳，斜腹內收，四矮柱足。兩耳外側有兩相對的龍紋，口沿下飾兩兩相對的龍紋，腹壁及柱足上飾由龍紋組成的獸面紋，以雲雷紋爲地紋。器身四角、腹中部及足部都有扉棱，腹內壁有銘文二字。

四四　亞址方鼎

商代晚期

通高二一・六、口徑長一六・六、寬一三・五厘米

一九九〇年河南安陽郭家莊西一六〇號墓出土

中國社會科學院考古研究所藏

長方形口，折沿，沿上有雙立耳，斜腹內收，底近平，四柱足。腹四角皆有扉棱。頸部飾兩個相對的鳥紋，中以扉棱隔開，雲雷紋爲地紋。腹中部爲勾連雷紋，其兩側及下方爲乳釘紋。四足上部飾獸面紋，扉棱爲鼻，下部爲三周凸弦紋。底中部有銘文。

四五　獸面紋方鼎

商代晚期

通高一六·五、口長一二·四、寬一〇·四厘米

一九八七年河南安陽郭家莊東南一號墓出土

中國社會科學院考古研究所藏

器身呈方斗形，口大底小，底稍外鼓，平沿，沿上有雙立耳，四柱形足。器身四角及四壁中部皆有扉棱。四壁紋飾相同，上半部爲兩龍組成的獸面紋，以扉棱爲鼻，下半部爲填以雲雷紋的倒三角紋。柱足也飾填以雲雷紋的倒三角紋。

四六　乳釘紋方鼎

商代晚期

通高一〇、口長七·三、寬六·一厘米

一九八七年河南安陽郭家莊東南一號墓出土

中國社會科學院考古研究所藏

器呈方斗形，口大底小，底稍外鼓，平沿上有二立耳，四柱形足，足上部中空。四壁紋飾相同，上部飾目雷紋，下部及左、右兩側爲乳釘紋，腹中部空白。足上部有三周凸弦紋。

四七　后母戊方鼎

商代晚期

通高一三三、口長一一六、寬七九厘米

傳一九三九年河南安陽武官北地出土

中國歷史博物館藏

長方形，深腹平底，口上一對立耳，其一爲後配。四柱足，中空，四角有扉棱。鼎耳外側有雙虎食人首紋，四壁周邊飾獸面紋，中央素地無紋。四足上部飾浮雕獸面紋。腹內壁有銘文三字。器重八七五公斤，是現存商代青銅器中最重者。

四八　父戊方鼎

商代晚期

高二二·四、口長一三·五、寬一七厘米

上海博物館藏

立耳寬厚，方唇折沿，腹下微斂，柱形足。腹四隅各置一道扉棱。口沿下飾鳥紋，以中間的短扉棱爲界兩兩相對。下以乳釘紋爲框，內填勾連雷紋，在用粗線條相勾連的雷紋中，填以細密規整的雷紋。柱足上端飾獸面紋，并以短扉棱爲鼻。腹內壁鑄銘文兩字。

（周　亞）

四九　父己方鼎

商代晚期
通高二一·五、口長一七、寬一二·七厘米
傳一九五〇年河南安陽郊區出土
河南省新鄉市博物館藏

長方形，深腹，平底，雙立耳，四柱足，四隅有扉棱。口下飾一周鳥紋，腹部三邊飾乳釘紋，中央飾勾連雷紋，四足上端有浮雕獸面紋，腹內壁有銘文二字。

五〇　爰方鼎

商代晚期
通高二二·五、口長一七厘米
一九八四年河南安陽戚家莊東二六九號墓出土
河南省安陽市文物工作隊藏

長方形口，折沿方唇，兩耳立于口部短邊上。腹下內收，口大底小，底近平略下凸。四柱足較高。兩耳外側均飾陰線龍紋，龍頭向下。鼎腹四隅及四面中部各有扉棱一條，鼎腹紋飾分上下兩部分，上部飾鳥紋，鳥體較小，鉤喙圓眼，眼呈乳釘狀外凸，翅上翹，足前屈，長尾下垂，作站立狀。下部飾獸面紋，爲兩龍組成。腹部均以雲雷紋襯地。四足紋飾相同，足上端飾雲紋一周，下接繞柱的三角形紋三個。鼎內壁一長邊中部鑄銘文一字。

（孟憲武）

五一　獸面紋鼎

商代晚期

通高一九·四、口徑一六·二至一六·八厘米

一九三六年河南安陽小屯三三三號墓出土

台北中央研究院歷史語言研究所藏

敞口，折沿，深腹圜底，口上一對立耳，扁平三角形實足。口下一周獸面紋和聯珠紋，三足飾目紋。或以爲商代中期。

本圖由台北中央研究院歷史語言研究所供稿

五二　斜角雲雷紋鼎

商代晚期

通高一九、口徑一三·九厘米

一九七七年河南安陽小屯一八號墓出土

中國社會科學院考古研究所藏

器形較小，折沿圓唇，直耳立于口沿上，腹壁上部比較直，向下收成圜底，腹下有三個較形象的龍形扁足，龍方目大耳，長身尾上卷，龍頭承托鼎底，外卷的龍尾構成三個較穩定的支撐點。口沿下飾斜角雲雷紋兼目紋六組，上下兼飾弦紋。

五三　婦好鼎

商代晚期

通高一三·七、口徑一二厘米

一九七六年河南安陽小屯五號墓出土

中國社會科學院考古研究所藏

耳微外侈，平沿方唇，淺腹圜底，口下有細棱六條。飾獸面紋三組，以細棱作鼻梁，以雲紋構成身尾，分列面部兩側。鳥形足，鳥身向外，圓眼鉤喙，短翅長尾，作站立狀。內底中部有銘文二字。

五四　疋未鼎

商代晚期

通高一六、口徑一三·七厘米

一九八四年河南安陽戚家莊東二六九號墓出土

河南省安陽市文物工作隊藏

直耳，圓口方唇，淺腹圜底，三條龍紋足外撇，龍頭向上，口托鼎底，尾尖上翹。腹上部有對稱的六條扉棱，其間各飾一龍紋，龍長身卷尾，組成獸面紋三組。內壁一側中上部鑄銘文二字。

（孟憲武）

五五　父乙鼎

商代晚期

通高一九·五、口徑一五·八厘米

一九七八年河南安陽孝民屯南一五七三號墓出土

中國社會科學院考古研究所藏

直口，淺腹，圜底，口上雙立耳，三扁足。腹上下各飾一目雷紋帶，中飾一周蟬紋，以雲雷紋爲地紋。三扁足爲浮雕龍形。腹內有銘文三字。

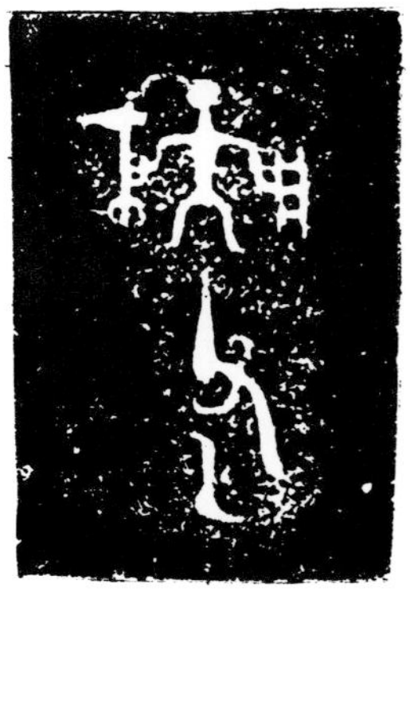

五六　龍紋鼎

商代晚期

通高一二·八、口徑一三·四厘米

一九九一年河南安陽高樓莊後岡九號墓出土

中國社會科學院考古研究所藏

器腹呈半球形，折沿，方唇，口上有雙立耳，矮扁足。頸部有龍紋一周，足素面，作龍形。

（徐廣德）

五七　父庚鼎

商代晚期
通高二七・三、口徑二一・四厘米
傳河南安陽出土
南京博物院藏

敞口，淺腹圜底，口上一對立耳，三足爲扁平尖尾龍形實足。口下飾一周獸面紋，三足飾龍紋。口沿下內壁鑄銘文。

本圖攝影：郭　群

五八　亞寠鼎

商代晚期
通高二一、口徑一七・一厘米
一九九〇年河南安陽郭家莊西一六〇號墓出土
中國社會科學院考古研究所藏

分襠鼎。侈口，方唇，口沿上雙立耳，鼓腹分襠，三柱形足。腹部飾以雲雷紋爲地紋的獸面紋。器口下內壁有銘文。

五九　亞魚鼎

商代晚期

通高一九、口徑一七厘米

一九八四年河南安陽孝民屯南一七一三號墓出土

中國社會科學院考古研究所藏

分襠鼎。直口，口沿有雙立耳，腹微鼓，三圓柱形足。頸飾一周雲雷紋，腹飾三個半浮雕的獸面紋和龍紋，以雲雷紋爲地紋。器內壁有銘文三行。這是第一件正式考古發掘所得商代有紀年銘文的銅器。

六〇　京鼎

商代晚期

通高一五・五、口徑一三・三厘米

一九七八年河南安陽孝民屯南二〇六五號墓出土

中國社會科學院考古研究所藏

分襠鼎。直口，口上兩立耳，鼓腹，分襠，三柱足。頸飾雲雷紋條帶，腹飾由三對龍紋組成的獸面紋，雲雷紋爲地紋，腹內壁有銘文一字。

六一　亞鼎鼎

商代晚期
高二〇・七、口徑一七厘米
上海博物館藏

立耳、方唇，腹部分襠較淺，猶如三個豐滿的袋形，下接三柱足。口沿下飾獸面紋，細長的獸體向兩側展開。與常見的商代晚期獸面紋作浮雕狀有所不同，此鼎獸面紋的主紋與地紋在同一平面上，其主紋線條略寬，地紋則由細密規整的雷紋組成。腹內壁有銘文二字。

（周　亞）

六二　獸面紋鼎

商代晚期
通高一九、口徑一六厘米
一九七六年河南安陽武官北地二二九號墓出土
中國社會科學院考古研究所藏

侈口，束頸，鼓腹，三矮柱足，有一鋬。頸部飾三組簡化獸面紋，鋬頂有一浮雕獸頭。

六三　**獸面紋鼎**

商代晚期

高一九・五、口徑一五・八至一六・五厘米

一九三五年河南安陽武官北地一四三五號墓出土

台北中央研究院歷史語言研究所藏

侈口，束頸，鼓腹圜底，三柱形實足，無耳，腹一側有牛首鋬。腹上部飾一周獸面紋，下爲一周三角雲雷紋。　本圖由台北中央研究院歷史語言研究所供稿

六四　**亞矣鼎**

商代晚期

通高六〇厘米

傳河南安陽武官北地出土

日本藤井有鄰館藏

器爲卵形，上尖下圓。斂口，深腹，圜底，三柱足，有蓋，菌鈕，上腹兩側有獸頭耳。器身自上而下有四周紋飾，口下飾三角紋，上腹飾獸面紋，中腹飾龍紋，下腹主體花紋爲獸面紋。器內有銘文二字。　本圖由日本藤井有鄰館供稿

六五、六六　亞址卣形器

商代晚期

通高三三、口徑長二一·六、寬一六·八厘米

一九九〇年河南安陽郭家莊西一六〇號墓出土

中國社會科學院考古研究所藏

器截面呈橢圓長方形。蓋似覆缽，上有兩個對稱的凹字形把手。蓋上有四組由龍紋組成的獸面紋，上下爲聯珠紋。器身頸部長徑兩側各有一短棱，頸部兩側有圓環，內穿綯形提梁，下腹外鼓，底近平，四短柱足。頸有一紋帶，爲四組龍紋組成的獸面紋。蓋和底內都有銘文。

六七、六八　作册兄鬲

商代晚期

通高二二·四、口徑一二·三厘米

一九八七年河南安陽郭家莊西五〇號墓出土

中國社會科學院考古研究所藏

侈口，束頸，鼓腹，分襠，口上有雙立耳，三足上粗下細，截面呈橄欖形。頸飾三組龍紋，上下攔以聯珠紋。腹部爲三組獸面紋，以扉棱爲鼻，三足與扉棱成連線，整體觀之如一象面，足是象鼻。口沿內壁有銘文三字。

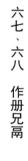

六九　父丁鬲

商代晚期

通高一五·三、口徑一二·三厘米

一九七〇年河南安陽孝民屯南一一〇二號墓出土

中國社會科學院考古研究所藏

侈口，口上有雙立耳，鼓腹，分襠，矮柱足。頸部飾以雲雷紋爲地紋的獸面紋一周，腹部素面。口沿內有銘文三字。

七〇　獸面紋鬲

商代晚期

高一四·六、口徑一一·一厘米

上海博物館藏

小立耳，袋腹豐滿，下接三個實心小錐足，形制精巧。頸飾雷紋，袋腹各飾一個獸面紋。獸面紋除雙目外，僅用粗線條勾勒輪廓，幷塡以雷紋，構圖雖簡練，却不失其華美。

（周　亞）

七一　獸面紋鬲

商代晚期
通高二八·八厘米
傳河南安陽出土
美國賽克勒美術館藏

敞口，口上一對立耳，短頸，分襠袋足，三尖錐狀足根。頸部飾一周目紋，三袋足各飾一組獸面紋。

本圖由美國賽克勒美術館供稿

七二　獸面紋鬲

商代晚期
通高一八·二厘米
傳河南安陽出土
瑞典國立藝術博物館藏

斂口，折沿，口上一對立耳，弧腹，分襠，袋足，足下有柱形足根。口下飾一周蛇紋，三袋足飾獸面紋和龍紋。

本圖由瑞典國立藝術博物館供稿

七三　龍紋甗

商代晚期

通高三九·五、口徑二〇·二厘米

一九三六年河南安陽小屯三三一號墓出土

台北中央研究院歷史語言研究所藏

敞口，深腹，口上一對立耳，弧襠，三袋足，有柱狀足尖。口下飾一周龍紋。

本圖由台北中央研究院歷史語言研究所供稿

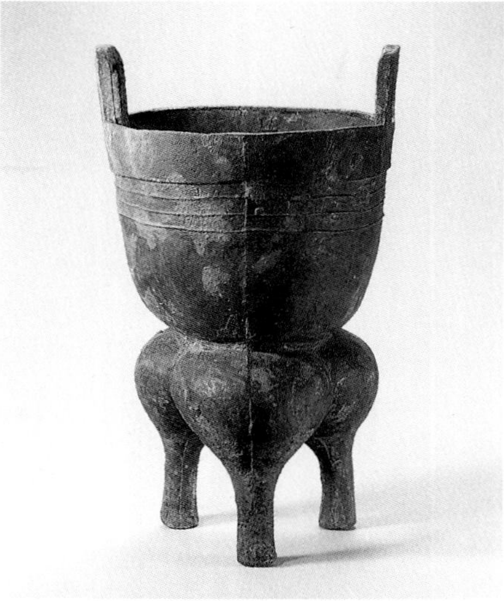

七四　𤴓甗

商代晚期

通高五〇、口徑二八厘米

一九七七年河南安陽小屯一八號墓出土

中國社會科學院考古研究所藏

直耳，兩耳立于沿上，耳較厚，下端突起于沿內。大口深腹，分襠款足，足下端呈柱狀。腰內有三個長條形箅齒，箅已遺失。口沿下飾凸弦紋三周。表面有鑄縫三條，由器口向下直至三足，三足內側也有明顯的鑄縫，是外範與底範相接的範線。口沿內有倒書的銘文一字。

七五　好甗

商代晚期
通高七八·一、口徑四六·四厘米
一九七六年河南安陽小屯五號墓出土
中國社會科學院考古研究所藏

侈口方唇，一耳直立，一耳微外侈，束頸，深腹束腰。下體的鬲腹外鼓，分襠款足。腰部內壁有一略呈橢圓形的箅架，箅已遺失。口下有短棱六條，飾獸面紋六組，方形目，眼球突起，以陰線雲紋構成面和身，紋樣簡練。口下內壁有銘文。

七六　婦好分體甗

商代晚期
通高三五·三、鬲高二二厘米
一九七六年河南安陽小屯五號墓出土
中國社會科學院考古研究所藏

由甑、鬲各一件組成，可分可合。下體的鬲形似鼎，圈口略外侈，平肩寬邊，腹下部微鼓，分襠，圓柱形實心足。腹飾雙重人字形凸弦紋。上體的甑敞口，口沿面有凹槽一周，可置蓋，下腹內收，小平底，上有四個三角形孔，腹部兩側有對稱的牛頭半圓形耳。口下飾鳳紋一二個，鳳頭尾相接，作側視站立狀，尖喙圓眼，足前屈，尾下卷。在鳳紋之下，有一八個三角形紋，繞器一周。口下內壁有銘二字。

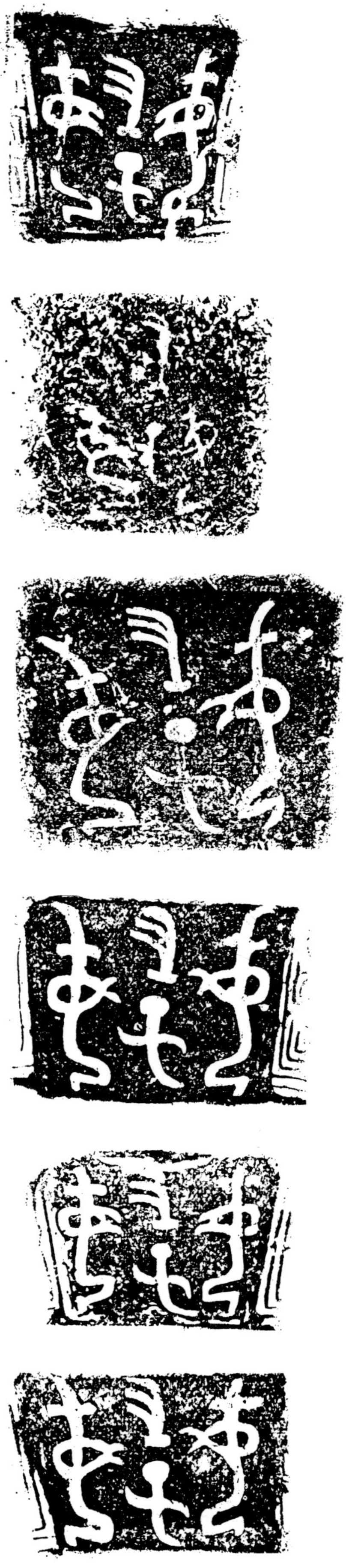

七七、七八　婦好三聯甗

商代晚期
通高六八、甗架高四四·五、長一〇三·七厘米
一九七六年河南安陽小屯五號墓出土
中國社會科學院考古研究所藏

由一件長方形甗架和三件大甑組成。甗架形似禁，面部有三個高起的喇叭狀圈口，可放置三件大甑。腹腔中空，平底，下有六條扁形矮足。外底有十字形鑄縫。架面飾蟠龍紋三組，分繞三個圈口，龍頭作側面形，兩端的頭朝下，中間的頭朝上。在一端蟠龍之前有一個獸面和一龍。龍的身尾均飾菱形紋和小三角形紋。架面四角分別飾以牛首紋，牛口向外。圈口周壁飾三角形紋和一周雲紋。甗架四壁也有精細花紋：長邊兩面各飾五組龍紋和六個大圓形火紋，兩者相互間隔，其下接飾大三角紋一〇個；短邊兩面中部各有一龍，兩側飾以大圓形火紋。主紋均以雷紋爲地。在中間圈口的內壁有銘文二字。

甑形制較大，口徑三三厘米。敞口，下腹急收，凹底，底有三個扇面形孔，獸頭半圓形空心耳。口下有兩條細棱，飾游動狀的龍紋兩組，每組二龍，頭相對，以雷紋爲地。在龍身的上下側分別塡以圓形火紋。三件甑的口下內壁與兩耳下的外壁分別有銘文二字。

七九　獸面紋甗

商代晚期
通高五〇・四、口徑三〇・八厘米
一九九〇年河南安陽郭家莊西一六〇號墓出土
中國社會科學院考古研究所藏

甗身分兩段，上爲甑，下爲鬲。侈口，方唇，口沿二綯形立耳，束腰，分襠，三柱足。腹內有箅齒三個。甑頸有凸弦紋三周，腹部有三個簡化獸面紋。

八〇、八一　獸面紋釜

商代晚期
高二四・七、口徑三二・四厘米
傳一九四六年河南安陽高樓莊出土
中國歷史博物館藏

侈口，深腹，平底，腹兩側各有一對橫繫，連接一半環形器耳。口下飾一周獸面紋，腹飾三角紋，耳上飾三角紋和雷紋。

八二　好甗形器

商代晚期
高一五・六、口徑三一、柱高一三・一厘米
一九七六年河南安陽小屯五號墓出土
中國社會科學院考古研究所藏

敞口方唇，沿面有凹槽，可置蓋，腹部有對稱的附耳，底略內凹，底內中部有一圓柱形中空透底的柱，柱略低于器口，頂部作四瓣花朵形，中心突起，周壁有四個瓜子形鏤孔，可透氣。口下飾鳥紋六組，每組兩鳥，頭相對，鈎喙圓眼，短翅長尾，作伏狀。以雷紋爲地。腹部飾三角形紋一周。口下內壁有銘文。

八三　北單簋

商代晚期
通高一四・三、口徑二〇・七厘米
一九五〇年河南安陽武官北地一號墓出土
中國歷史博物館藏

侈口，鼓腹，圈足，頸有一紋帶，由三獸頭相隔，獸頭兩側爲分列左右的蛇紋，以雲雷紋爲地紋。圈足有雲雷紋一周。器底有銘文二字。

八四　乳釘紋簋

商代晚期

通高一三、口徑一九厘米

一九七九年河南安陽孝民屯南二五〇八號墓出土

中國社會科學院考古研究所藏

侈口，束頸，鼓腹，矮圈足，足上有四鏤孔。口沿下飾三角紋，頸飾圓形火紋及蟬紋，幷以浮雕羊頭四個間隔，腹飾以雲雷紋爲地紋的乳釘紋，圈足上飾由兩龍組成的獸面紋三對。

八五　[吅正]侯簋

商代晚期

通高一三、口徑一九·七厘米

一九七七年河南安陽小屯一八號墓出土

中國社會科學院考古研究所藏

侈口，束頸，鼓腹，圈足。圈足上有三小孔。口沿下飾內填雲雷紋的三角紋。頸飾三組鳥紋，每組四鳥，中以獸頭隔開。腹飾百乳雷紋。圈足上有三組獸面紋，以扉棱爲鼻。器底中部有銘文二字。

八六　寢出簋

商代晚期
通高一四、口徑二一·二厘米
一九八〇年河南安陽大司空南五三九號墓出土
中國社會科學院考古研究所藏

侈口，束頸，直腹微鼓，圈足。頸部有紋帶一周，內有兩兩相對的龍紋三組，其間飾以獸頭，以雲雷紋爲地紋。圈足上飾以兩龍組成的獸面紋三個，雲雷紋爲地紋。器內壁有銘文三字。

八七　見簋

商代晚期
通高一二·八、口徑二〇·八厘米
一九八三年河南安陽大司空南六六三號墓出土
中國社會科學院考古研究所藏

侈口，鼓腹，圜底，矮圈足。口下飾一周三角蟬紋，頸部飾以雲雷紋爲地紋的獸面紋，間以三個獸頭。腹部飾百乳雷紋。足飾三組龍紋。底內壁有一銘文。

（徐廣德）

八八　亞盥簋

商代晚期
通高一三、口徑一六厘米
一九六三年河南安陽苗圃北地一七二號墓出土
中國社會科學院考古研究所藏

侈口，束頸，鼓腹，圈足。頸部有紋帶一周，飾以獸頭。紋帶上有三獸面紋。以雲雷紋爲地紋。圈足上也有以雲雷紋爲地紋的獸面紋。器底內有銘文二字。

八九　昰簋

商代晚期
高一一·八、口徑一八·六厘米
上海博物館藏

口稍侈，頸略收，鼓腹，圈足。口沿下飾獸體目紋，以細密規整的雷紋爲地，并置三個突出的獸首相間隔。腹上部飾雷紋一周，下接三角雷紋，圈足也爲獸體目紋。腹內底鑄銘文一字。

（周　亞）

九〇　獸面紋簋

商代晚期
高一〇·九、口徑一四·八厘米
上海博物館藏

侈口，束頸，鼓腹，圈足較高，并有小方孔三個。頸飾長吻獸紋，中間有突起的獸首。腹飾分解式獸面紋，在獸面紋的兩側各有一倒置的龍紋。圈足飾獸面紋。

（周　亞）

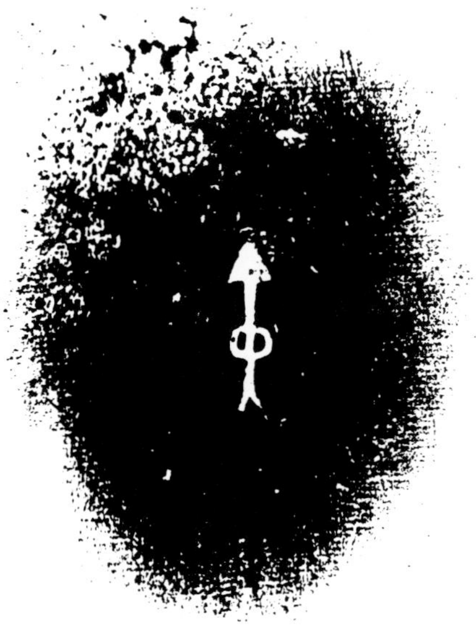

九一　黃簋

商代晚期
高一五·三、口徑二二·四厘米
上海博物館藏

侈口，束頸，鼓腹，圈足稍外撇。口沿下飾蕉葉紋，下連一周獸體目紋，并置三個突出的獸首。腹部滿飾乳釘雷紋。圈足飾回顧式鳥紋，除頭部較寫實外，鳥身則圖案化。腹內底鑄銘文一字。

（周　亞）

九二　車簋

商代晚期

高一三・八、口徑一九・三厘米

傳一九五〇年河南安陽郊區出土

河南省新鄉市博物館藏

侈口，束頸，鼓腹，矮圈足。頸部一周龍紋，間以三個浮雕犧首，圈足也飾龍紋，腹飾直條紋。足底有一凸起的浮雕人頭。器內有銘文一字。

九三　子庚簋

商代晚期

高一五・二、口徑一九・四厘米

傳一九五〇年河南安陽郊區出土

河南省新鄉市博物館藏

侈口，鼓腹，圈足，頸部飾一周龍紋，腹部飾獸面紋，圈足飾龍紋。器外壁有上下貫通的六條扉棱。器內有銘文二字。

九四　[亦韋]簋

商代晚期
高一四厘米
傳河南安陽出土
美國弗利爾美術館藏

侈口，束頸，鼓腹，圈足。通體以雷紋爲地，有六條扉棱，口下一周三角蟬紋，頸部一周鳥紋，前後有犧首，腹飾三組獸面紋，圈足飾龍紋。器內有銘文一字。

本圖由美國弗利爾美術館供稿

九五　鳥紋簋

商代晚期
高二三、口徑三三·五厘米
一九七六年河南安陽小屯五號墓出土
中國社會科學院考古研究所藏

敞口方唇，腹壁較直，下部略內收，底近平。圈足略外侈，周壁有三條短棱。腹兩側有對稱的獸頭半圓形耳。口下中部兩面各有一個突起的獸頭，獸口向下，兩側各飾一鳥紋，鳥作回首狀，方形目，鈎喙，長尾下卷，尾相對。在鳥的前面有一獸面，方眼細眉，尖嘴巨角，形態奇特。圈足飾鳥紋三組，每組兩鳥，頭相對，亦作回首狀。均以雷紋爲地。耳端飾獸頭，形象凶猛。

九六 爰簋

商代晚期

高一五·四、口徑一九·八厘米

一九八四年河南安陽戚家莊東二六九號墓出土

河南省安陽市文物工作隊藏

大圓口，方唇，束頸，鼓腹，平底，高圈足。圈足外撇，下部直角下折。腹部有兩個對稱的獸頭半圓形耳，口沿下飾三角紋一周，頸部飾龍紋四組，每組三龍。頸部兩側有對稱的獸頭各一個。腹部兩面各有一條凸脊，共飾獸面紋四組，各以圓耳、凸脊爲鼻。每組兩龍，龍頭相對，尾上卷。圈足上飾獸面紋兩組，各以凸脊爲鼻，每組四龍，兩兩相對。器內底中部鑄銘文一字。

（孟憲武）

九七 鳥[⿱宀⿰豕殳]簋

商代晚期

通高一〇·六、口徑一四·二厘米

一九八七年河南安陽郭家莊東南一號墓出土

中國社會科學院考古研究所藏

侈口，束頸，鼓腹，高圈足，腹兩側有雙耳，耳上飾鹿頭。頸有紋帶一周，帶中部爲一羊頭飾，羊頭兩側各有兩個等距離分布的圓形火紋，火紋間爲環形龍紋。圈足上有四對相對的龍紋，內塡以雲雷紋。底內有銘文四字。

九八　寢魚簋

商代晚期
通高一三、口徑一九・五厘米
一九八四年河南安陽孝民屯南一七一三號墓出土
中國社會科學院考古研究所藏

侈口，束頸，鼓腹，高圈足。腹兩側有雙耳，耳上飾鹿頭。頸飾由兩組相對的龍紋組成的紋帶，中間以兩浮雕牛頭相隔，雲雷紋爲地紋。圈足飾獸面紋組成的紋帶，雲雷紋爲地紋。器底有銘文二行。

九九　母己簋

商代晚期
通高一四・三、口徑一五・五厘米
一九七八年河南安陽孝民屯南一五七三號墓出土
中國社會科學院考古研究所藏

敞口，束頸，鼓腹，圈足，兩豎耳。耳有垂珥，耳頂有獸頭飾。頸部及圈足飾由龍紋組成的四個獸面紋，雲雷紋爲地紋。頸部有兩浮雕羊頭。器底有銘文三字。

一〇〇 **獸面紋簋**

商代晚期

高一五·一、口徑一九·五厘米

上海博物館藏

侈口，束頸，鼓腹，圈足下有一周較高的直邊。自頸至圈足有較寬的棱脊，使器形增加厚實穩重的感覺。頸飾鳥紋，兩兩相對，中間有一突起的獸首。腹飾獸面紋，圈足爲龍紋。

（周　亞）

一〇一 **肄簋**

商代晚期

高一六、口徑二一·五厘米

傳河南安陽出土

美國賽克勒美術館藏

侈口，束頸，鼓腹，腹兩側有一對獸首耳，有珥，圈足。口下一周龍紋和火紋，飾直棱紋，圈足飾柿蒂紋和火紋。器內底有銘文五行。

本圖由美國賽克勒美術館供稿

一〇二　弦紋豆

商代晚期

通高九·四、口徑一〇·二厘米

一九八七年河南安陽郭家莊東南一號墓出土

中國社會科學院考古研究所藏

深盤，平沿外侈，高圈足。豆盤及圈足上飾凸弦紋。這是殷墟發掘以來第一次見到的銅豆。

一〇三　獸面紋觚

商代晚期

高一五·九、口徑一一·三厘米

一九三六年河南安陽小屯三八八號墓出土

台北中央研究院歷史語言研究所藏

大侈口，細腰，圈足。腹飾獸面紋，圈足飾目紋、雲雷紋。或以爲商代中期。

本圖由台北中央研究院歷史語言研究所供稿

一〇四　獸面紋觚

商代晚期

高二二、口徑一三·八厘米

一九五九年河南安陽武官北地一號墓出土

中國社會科學院考古研究所藏

喇叭形口，頸、腹都較粗，平底，高圈足，足上端有對稱的十字形孔。腹部有對稱的細棱，飾獸面紋兩組。圈足也飾兩組獸面紋。獸面的主體由雲雷紋和羽毛紋構成，線條較粗。腹部上下分別飾以凸弦紋。

一〇五　婦好觚

商代晚期

通高二五·五、口徑一四·二厘米

一九七六年河南安陽小屯五號墓出土

中國社會科學院考古研究所藏

喇叭形口，頸、腹較細，圈足底座甚矮，圈足上部兩側有十字形孔，腹與足各有四條扉棱。口下飾蕉葉紋，下接雲雷紋一周；腹部飾龍紋兩組，每組兩龍，頭相對，大口向下，身上竪，尾內卷，合視成一獸面紋。腹下有兩周凸弦紋；圈足飾鏤空的龍紋四個，龍作側面形，口鼻淸楚，細眉大角，目字形眼，眼珠突起，有瞳孔，身尾較短。均以雷紋爲地。圈足內壁有銘文二字。

一〇六　伐觚

商代晚期
通高二八·八、口徑一七·一厘米
一九七七年河南安陽小屯一八號墓出土
中國社會科學院考古研究所藏

口呈喇叭形，腹較粗，腹與圈足上各有四條扉棱，腹與圈足之間有四個十字孔。口下至腹飾蕉葉紋，由雲雷紋及目紋構成。其下飾目雷紋一周。腹部飾獸面紋，目字形雙眼，眸子突起，身尾由雲雷紋構成，短身，口旁有足。圈足上飾蛇紋一周。圈足飾龍紋，每面兩條，頭向一致，以雲雷紋爲地紋。圈足內有銘文一字。

一〇七　獸面紋觚

商代晚期
通高二七·八、口徑一六·一厘米
一九八六年河南安陽大司空南二九號墓出土
中國社會科學院考古研究所藏

體較細長，喇叭口，鼓腹，高圈足。頸下飾一周以雲雷紋爲地紋的蕉葉紋，其下爲一周雲雷紋。腹部及足部各有由龍紋組成的獸面紋兩組，中以扉棱相間，雲雷紋爲地紋。腹部與圈足間有兩道凸弦紋。

（谷　飛）

一〇八 [illegible]觚

商代晚期

通高二八・四、口徑一六・七厘米

一九八三年河南安陽大司空南六六三號墓出土

中國社會科學院考古研究所藏

喇叭口，頸腹較細，高圈足。腹與足部都有四條扉棱。頸飾蕉葉紋，下接一周雲雷紋，腹及圈足飾獸面紋，腹足間有兩道凸弦紋。圈足內壁有一銘文。

（徐廣德）

一〇九 [illegible]觚

商代晚期

通高二六・九、口徑一四・五厘米

一九九二年河南安陽苗圃南地五八號墓出土

河南省安陽市文物工作隊藏

高體細腰，圈足，切地部分幾乎無台座。頸飾蕉葉紋，腹、足部有對稱的四條扉棱，間飾以雲雷紋襯地的獸面紋兩組。圈足內壁一側鑄銘文一字，陽文。

（孟憲武）

一一〇 [illegible]觚

商代晚期
通高二八・二、口徑一五・六厘米
一九七四年河南安陽孝民屯南一九八號墓出土
中國社會科學院考古研究所藏

體細高，喇叭口，細腰，高圈足。頸飾蕉葉紋，其下爲一周蛇紋，腹部及圈足飾以雲雷紋爲地紋的獸面紋，間以扉棱，圈足上部有一周蟬紋。圈足上有十字鏤孔。圈足內有銘文二字。

一一一 告宁觚

商代晚期
通高二九・四、口徑一六厘米
一九六九年河南安陽孝民屯南九〇七號墓出土
中國社會科學院考古研究所藏

體細高，喇叭口，細腹，高圈足。頸下飾蕉葉紋，腹部及圈足飾以雲雷紋爲地紋的獸面紋，并都以扉棱爲鼻。圈足上有十字鏤孔。圈足內有銘文二字。

一一二　亞盥觚

商代晚期

通高二八、口徑一四・八厘米

一九六三年河南安陽苗圃北地一七二號墓出土

中國社會科學院考古研究所藏

喇叭口，束頸，鼓腹，高圈足。腹部及圈足有獸面紋各兩個，均以雲雷紋爲地紋。腹上下各有凸弦紋兩周。圈足內有銘文二字。

一一三　獸面紋觚

商代晚期

通高二九・四、口徑一六・一厘米

一九八五年河南安陽梯家口三號墓出土

河南省安陽市文物工作隊藏

大喇叭口，細腰，腹微鼓，圈足高台座。頸飾蕉葉紋，腹、足部有扉棱四條，腹飾雲雷紋襯地的獸面紋，腹、足間飾凸弦紋兩周，足上部飾蟬紋一周，下部飾雲雷紋襯地的獸面紋。

（孟憲武）

一一四　戍馬觚

商代晚期
通高三〇·四、口徑七厘米
一九五三年河南安陽大司空南二六七號墓出土
中國歷史博物館藏

喇叭口，細腹，腹上下內凹，高圈足，折底。腹及圈足有扉棱。頸飾蕉葉紋，蕉葉紋下爲蛇紋。腹部及圈足飾獸面紋，均以雲雷紋爲地紋。圈足內有銘文二字。

一一五　父甲觚

商代晚期
通高三一·三、口徑一六·五厘米
一九七八年河南安陽孝民屯南一五七二號墓出土
中國社會科學院考古研究所藏

喇叭口，細腹，高圈足，折底。頸下飾蕉葉紋，其下爲蛇紋，腹及圈足上有以雲雷紋爲地紋的獸面紋，以扉棱爲鼻。圈足內有銘文四字。

一一六、一一七　父己觚

商代晚期

通高五六、口徑一五厘米

一九七七年河南安陽孝民屯南八五六號墓出土

中國社會科學院考古研究所藏

器厚重，喇叭口，鼓腹，高圈足，折底。從頸至圈足有四條扉棱，棱呈三角坡形。頸飾蕉葉紋，腹及圈足飾以雲雷紋爲地紋的獸面紋。圈足內有四字銘文，陽文。此觚造型莊重，鑄造精美。

一一八　祖己觚

商代晚期

通高二二・八、口徑一三・六厘米

一九七〇年河南安陽孝民屯南一〇八〇號墓出土

中國社會科學院考古研究所藏

喇叭口，細腰，高圈足，折底。腹部及圈足都飾以雲雷紋爲地紋的獸面紋。圈足內有銘文四字。

一一九　宁觚

商代晚期
通高三〇·九、口徑一七·五厘米
一九八五年河南安陽劉家莊北二號墓出土
河南省安陽市文物工作隊藏

細高體，大喇叭口，腹微外鼓，圈足，台座極高。頸飾蕉葉紋，頸、腹間飾一周雲雷紋襯地的龍紋，腹、足部有扉棱四條，腹飾雲雷紋襯地的獸面紋兩組。腹足間飾凸弦紋二周，有對稱的假十字鏤孔一對，足內壁一側鑄銘文一字。（孟憲武）

一二〇　宁觚

商代晚期
通高三一·二、口徑一七·一厘米
一九八五年河南安陽劉家莊北一號墓出土
河南省安陽市文物工作隊藏

細高體，大喇叭形口，腹微外鼓，圈足，台座極高。頸飾蕉葉紋，頸、腹間飾一周雲雷紋襯地的龍紋，腹、足部有扉棱四條，腹飾雲雷紋襯地的獸面紋兩組，足上部飾雲雷紋襯地的同向象紋四個，下部飾雲雷紋襯地的獸面紋兩組。腹足間飾凸弦紋二周，有對稱的假十字鏤孔一對，足內壁一側鑄銘文一字。（孟憲武）

一二二　己父觚

商代晚期

通高二八・九、口徑一七厘米

一九八五年河南安陽劉家莊南六三號墓出土

河南省安陽市文物工作隊藏

細高體，大喇叭口，腹微鼓，圈足台座較高。頸飾蕉葉紋。頸、腹間飾凸弦紋三周，同向龍紋一周。腹、足有扉棱四條，飾獸面紋，以雲雷紋爲地紋。腹足間飾假十字鏤孔一對。圈足內壁一側鑄銘文三字。

（孟憲武）

一二三　[illegible]觚

商代晚期

高三二、口徑一五・八厘米

上海博物館藏

高體細腰，圈足上有兩個不穿孔的十字形。頸飾蕉葉形獸面紋，下接一周俯首屈體的蛇紋，腹與圈足均飾分解式獸面紋，在圈足的上端還飾有一周龍紋。地紋由極其工整的雷紋組成，加上在高突的主紋上加刻細密的雷紋，使整器紋飾極富層次感。圈足內鑄銘文二字。

（周　亞）

一二三　工觚

商代晚期

高二七・九、口徑一五・八厘米

上海博物館藏

形體粗大，腹下部略鼓，但無明顯分段。高圈足，上有兩個大十字孔。腹飾獸面紋，上下有聯珠紋爲欄，圈足飾變形龍紋。圈足內鑄銘文一字。（周　亞）

一二四　龔子觚

商代晚期

高二七・六、口徑一五・五厘米

上海博物館藏

頸飾蕉葉紋，下連一周雷紋，腹飾俯首直體的龍紋，圈足上的龍紋用細線條勾勒輪廓，并填以雷紋。圈足內鑄銘文兩字。（周　亞）

一二五　黃觚

商代晚期

高二七·三、口徑一六厘米

上海博物館藏

頸飾蕉葉紋，腹飾對稱的直立龍紋。圈足透雕，作曲折角的卷體龍紋，以鏤空的線條作龍紋的輪廓線，具有良好的裝飾效果。圈足內鑄銘文一字。

（周　亞）

一二六　婦觚

商代晚期

高二五·六厘米

傳河南安陽出土

美國賽克勒美術館藏

大侈口，長頸，細腹，高圈足。頸部飾蕉葉紋和雲雷紋，腹飾獸面紋，圈足飾透雕獸面紋。圈足內器底有銘文一字，陽文。　本圖由美國賽克勒美術館供稿

一二七　亞址方觚

商代晚期

通高三〇·三、口長一五·五厘米

一九九〇年河南安陽郭家莊西一六〇號墓出土

中國社會科學院考古研究所藏

方觚，口呈喇叭形，束頸，腹稍外鼓，高圈足，折底。觚身自口部至圈足有四條扉稜。頸部飾蕉葉紋，其下爲獸面紋，腹部及圈足皆爲獸面紋，以雲雷紋爲地紋。足內有銘文。

一二八　[illegible]方觚

商代晚期

高三〇厘米

傳河南安陽出土

德國科隆東亞藝術博物館藏

方形，大侈口，細長頸，凸腹，高圈足，四角自口至足有扉稜。頸飾蕉葉紋和蛇紋，腹飾龍紋，圈足飾獸面紋和四瓣花紋。器有銘文二字。

本圖由德國科隆東亞藝術博物館供稿

一二九　獸面紋觶

商代晚期
通高一七、口長九・二、寬六・九厘米
一九三五年河南安陽武官北地一〇二二號墓出土
台北中央研究院歷史語言研究所藏

橢圓形，侈口，束頸，鼓腹，圈足，有蓋，菌鈕。蓋面飾獸面紋，口下一周三角蟬紋，頸飾鳥紋，腹飾獸面紋，圈足飾雲雷紋。

本圖由台北中央研究院歷史語言研究所供稿

一三〇　亞址觶

商代晚期
通高一九、口徑長九、寬七・一厘米
一九九〇年河南安陽郭家莊M一六〇號墓：一二
中國社會科學院考古研究所藏

有蓋。器口、腹呈橢圓形，侈口，鼓腹，圜底，高圈足。蓋頂有菌形柱頭，鈕面飾圓形火紋，蓋面爲兩組獸面紋。器的腹部及頸部飾獸面紋，以扉棱爲鼻，頸腹間及圈足上爲一龍紋帶，龍兩兩相對。蓋內及器底有銘文。

一三一　直棱紋觶

商代晚期

通高一九、口徑長八·四厘米

一九六九年河南安陽孝民屯南九〇七號墓出土

中國社會科學院考古研究所藏

有蓋，蓋呈半球形，蓋鈕如爵柱，菌形帽，上飾火紋，蓋頂爲直條紋。觶身侈口，束頸，鼓腹，高圈足。頸飾蕉葉紋和獸面紋，腹飾直棱紋，圈足飾獸面紋。

一三二　母乙觶

商代晚期

通高一六、口徑長八·四、寬七·四厘米

一九六二年河南安陽大司空南五三號墓出土

中國社會科學院考古研究所藏

有蓋，蓋頂有菌形鈕。觶體侈口，束頸，鼓腹，高圈足。觶體截面呈圓角長方形。蓋、腹皆飾無地紋的浮雕獸面紋一對。頸部和圈足各飾由龍紋組成的獸面紋一對。蓋和底內皆有銘文。

本圖由北京大學賽克勒考古與藝術博物館供稿

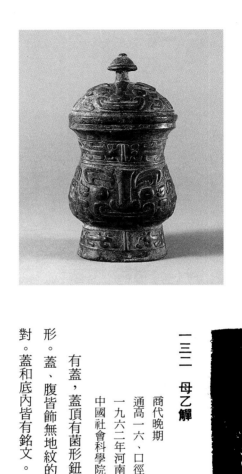

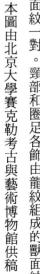

一三三　戈觶

商代晚期

通高一六・三、腹徑長八厘米

一九八七年河南安陽郭家莊東南一號墓出土

中國社會科學院考古研究所藏

有蓋。觶身侈口，束頸，鼓腹，圈足，器截面呈橢圓形。蓋有子口，頂有環形鈕。蓋、頸和圈足的紋飾都是一排豎行雲雷紋，唯蓋和頸的雲雷紋口下各有一排聯珠紋，器底有一銘文。

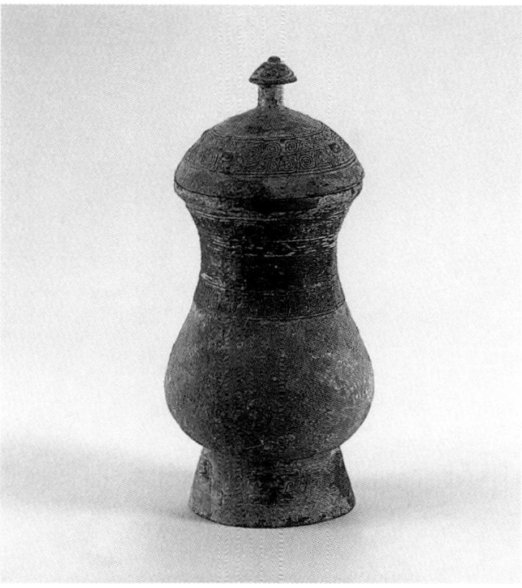

一三四　子乙觶

商代晚期

通高一八・一、口徑六・九厘米

一九八五年河南安陽劉家莊北一號墓出土

河南省安陽市文物工作隊藏

圓體，帶蓋，蓋爲子口。器侈口，束頸，鼓腹，高圈足外撇。蓋有菌狀鈕，飾雲雷紋，其間有四個對稱的銅泡。頸飾三周雲雷紋帶，足飾雲雷紋襯地的獸面紋兩組，地飾網狀紋。圈足內壁鑄銘文三字，陽文。

（孟憲武）

一三五　獸面紋觶

商代晚期

高一九·三、口徑長一〇、寬七·三厘米

上海博物館藏

扁圓體，侈口，頸長而狹，腹鼓而下垂。蓋飾獸面紋，口沿下飾蕉葉形對稱的鳥紋，頸部爲一周火紋與雷紋相間的紋帶，腹部爲獸面紋，獸體作寬條狀，向上彎曲而後下卷，兩足相向而踞，圈足上飾兩行雷紋。此觶器形雅緻，紋飾精麗。

（周　亞）

一三六　父乙觶

商代晚期

高一七·八、口徑長七·九、寬七厘米

上海博物館藏

扁圓體，束頸、垂腹，圈足較高，下有一周直壁的邊。自蓋至圈足置棱脊四條。蓋飾獸面紋，口沿下飾三角雷紋，頸飾鳥紋，腹與圈足各飾獸面紋。器、蓋同銘。

（周　亞）

一三七　獸面紋觶

商代晚期

高一三·八、口徑長八·一、寬六·四厘米

上海博物館藏

器作扁圓體，蓋上有菌形鈕。侈口，束頸，鼓腹略下垂。蓋飾獸面紋，口沿下飾一周三角形蟬紋，頸飾鳥紋，腹部及圈足飾形態相异的獸面紋。（周　亞）

一三八　父己觶

商代晚期

通高一七·二、口徑長九·三、寬七·六厘米

傳一九五〇年河南安陽郊區出土

河南省新鄉市博物館藏

橢圓形，侈口，束頸，鼓腹，圈足，有蓋，菌鈕。頸部及圈足飾龍紋，腹部及蓋面飾獸面紋。蓋內有銘文三字。

一三九　鴞紋觶

商代晚期

通高一九厘米

傳河南安陽出土

美國舊金山亞洲藝術博物館藏

侈口，束頸，鼓腹，圈足，有蓋，四坡形蓋鈕。通體以雷紋爲地，自蓋至足有四條扉棱，蓋面飾龍紋，器壁飾鴞紋，圈足飾獸面紋。器內有銘文，但漫漶無法辨識。

本圖由美國舊金山亞洲藝術博物館供稿

一四〇　弜觶

商代晚期

通高一七·二厘米

傳河南安陽出土

美國舊金山亞洲藝術博物館藏

侈口，束頸，鼓腹，圈足，有蓋，菌形鈕。通體以雷紋爲地，自蓋至足有四條扉棱，蓋面和器腹飾獸面紋，頸飾三角紋，圈足飾雲雷紋。器底有銘文一字。

本圖由美國舊金山亞洲藝術博物館供稿

本書編輯拍攝工作，承蒙以下各單位
予以協助和支持，謹此致謝。

中國社會科學院考古研究所
中國歷史博物館
故宮博物院
河南省文物考古研究所
河南省博物館
河南省安陽市博物館
河南省新鄉市博物館
南京博物院
台北中央研究院歷史語言研究所
美國弗利爾美術館
美國舊金山亞洲藝術博物館
美國賽克勒美術館
美國哈佛大學藝術博物館
德國科隆東亞藝術博物館
瑞典國立藝術博物館
日本滕井有鄰館
所有給予支持的單位和人士

責任編輯　段書安
封面設計　仇德虎
攝　　影　姜言忠
　　　　　劉小放
　　　　　王蔚波
圖版說明　楊錫璋
　　　　　張長壽
　　　　　陳志達
　　　　　鄭振香
繪　　圖　魏淑敏
　　　　　李　淼
　　　　　劉凱軍
　　　　　韓慧君
　　　　　劉小貞
責任印製　張　麗
責任校對　華　新

圖書在版編目（CIP）數據

中國青銅器全集. 2，商. 2／《中國青銅器全集》編輯委員會編. —北京：文物出版社，1997. 9 (2017. 9 重印)
(中國青銅器全集)
ISBN 978－7－5010－0933－6

Ⅰ. ①中…　Ⅱ. ①中…　Ⅲ. ①青銅器（考古）－中國－商代－圖集　Ⅳ. ①K876.412

中國版本圖書館 CIP 數據核字（2012）第 081534 號

中國美術分類全集

中國青銅器全集

第2卷　商　2

中國青銅器全集編輯委員會編

出版發行者　文物出版社
(北京東直門內北小街二號樓)
http: // www.wenwu.com
E-mail: web@wenwu.com

責任編輯　段書安
再版編輯　周燕林
製版者　蛇口以琳彩印製版有限公司
印刷者　文物出版社印刷廠
裝訂者　北京鵬潤偉業印刷有限公司
經銷者　新華書店

一九九七年九月第一版
二〇一七年九月第三次印刷

書號　ISBN 978－7－5010－0933－6
國內版定價　三五〇〇圓